本书系教育部人文社会科学研究项目（18XJC790010）、重庆
社会科学研究基地重点项目（19JD057）的研究成果

U0615669

长江上游地区林业生态发展
外溢效应评估及补偿机制研究

CHANGJIANG SHANGYOU DIQU LINYE SHENGTAI FAZHAN
WAIYI XIAOYING PINGGU JI BUCHANG JIZHI YANJIU

冉陆荣　周　峰◎著

经济管理出版社
ECONOMY & MANAGEMENT PUBLISHING HOUSE

图书在版编目（CIP）数据

长江上游地区林业生态发展外溢效应评估及补偿机制研究/冉陆荣，周峰著. —北京：经济管理出版社，2020.12

ISBN 978-7-5096-5062-2

Ⅰ.①长… Ⅱ.①冉… ②周… Ⅲ.①长江流域—上游—林业经济—经济发展—补偿机制—研究 Ⅳ.①F326.275

中国版本图书馆 CIP 数据核字（2021）第 245204 号

组稿编辑：王格格
责任编辑：王格格　杜羽茜
责任印制：黄章平
责任校对：董杉珊

出版发行：经济管理出版社
　　　　　（北京市海淀区北蜂窝 8 号中雅大厦 A 座 11 层　100038）
网　　址：www. E-mp. com. cn
电　　话：(010) 51915602
印　　刷：唐山玺诚印务有限公司
经　　销：新华书店
开　　本：720mm×1000mm /16
印　　张：14.25
字　　数：233 千字
版　　次：2021 年 12 月第 1 版　2021 年 12 月第 1 次印刷
书　　号：ISBN 978-7-5096-5062-2
定　　价：88.00 元

前言

　　随着经济社会的发展，林业主体功能作用越来越重要，林业已成为生态文明建设的关键领域，生态经济协调成为林业可持续发展的战略目标。经过近20年的林业生态建设，长江上游地区林业生态发展效果显著，其生态效益具有明显外溢性，且表征日益明显。"共抓大保护、不搞大开发"理念、"两山理论"为长江流域林业生态发展指明方向。现阶段，长江上游地区开展林业生态发展的各类实践正在积极探索中，已具有开展林业生态补偿的实践基础。因此，在以上多重现实背景下，对长江上游地区林业生态发展外溢效应评估及补偿机制开展研究，有助于处理好长江上游地区林业生态与经济发展的关系、化解其相互制约和影响的问题，乃生态之需、发展之要。

　　对我国生态补偿制度的历史沿革与发展现状进行分析得出四点。第一，我国生态补偿制度的历史沿革：国家对生态补偿日益重视；中央政府文件多次提到林业生态效益补偿制度，宏观政策相对完善；针对生态补偿在保护生态环境与调节生态保护相关方经济利益关系上具有积极作用已达成共识。第二，我国生态补偿发展现状：我国的生态补偿政策在森林、自然保护区、重点生态功能区、矿产资源开发、流域水环境保护等方面都有一定涉及。森林生态补偿方面，我国的生态补偿探索始于2001年开展的森林生态效益补偿，相关政策与实践较为丰富，在实践中，其内容也更加具体、更具操作性；许多省份也在中央政策的引导下探索着适合本地区的森林生态补偿制度；生态补偿体制机制建设取得一定成效。流域生态补偿方面，国家政策中多次涉及，有一定的政策基础；在实践中，我国许多地方尝试在流域生态补偿中引入市场机制，各地涌现出大量的生态服务市场化补偿案例，但主要是对中小流域生态服务补偿进行有益探索，对大江大河生态服务补偿的探索总体较少。第三，我国生态补偿存在的普遍问题：补偿资金来源渠道较窄、生态补偿标准制定不合理、参与主体较少且参与度不高、生态补偿范围过窄、横向转移支付发展滞后。第四，长江流域生态补偿现状：生态补偿政策措施多集中在省内或省际，缺乏全流域治理的制度安排；作为我国第一部流域专门法律，《中华人民共和国长江保护法》自 2021 年 3 月 1 日起施行。在此政策背景下，长江流域生态补偿将进入全新的发展时期。长江上游地区生态补偿方面亦存在许多问题，许多生态补偿具体实践仍在探索中。

对流域开展林业生态发展效益生态补偿理论分析得出三点。第一，林业生态发展效益的基本特征：不可替代性、综合性、效用性和系统性。第二，林业生态效益外溢特征：具有正外部性，外溢表征日益明显。第三，现实基础和经济学基础：长江流域既有可观的经济利益，又有复杂的社会关联性；流域林业生态经济协调需要上下游多重主体参与；长江上游地区的生态环境具有显著的跨区域性，对中下游地区有特殊的环境服务功能，中下游地区是上游地区保护森林的受益者，应当为这种利益支付报酬；理顺流域上下游之间生态保障与经济利益的共建共享关系，促进流域的生态环境建设。

对长江上游地区林业生态发展综合效益分析与评估得出三点。第一，三大效益构成方面，生态效益的构成主要包括支持服务、调节服务、供给服务和文化服务；经济效益主要包括林业产业产值、相关涉林企业的职工收入；社会效益主要包括林业在区域经济中的比率、带动就业人数、提高公众对林业生态发展的认识程度。第二，三大效益评估方面，重在强调量化思想的重要性。第三，三大效益的相互转化与价值实现：在人类社会不断发展的过程中，三大效益在供给方面并不一定产生矛盾，在一定环境下，三大效益之间可以相互转化；三大效益在需求方面出现了一定的变化，因此在林业发展过程中需不断进行必要的调整，这样才能更好地促进多赢目标的实现。

对长江上游林业生态发展外溢效应评估的理论分析与流程设计得出：第一，林业生态发展外溢效应评估的理论分析：林业生态经济复合系统是外溢效应产生的主体；林业综合效益外部经济性的反馈形成外溢效应；价值认知是外溢效应评估的基本导向；价值评估是外溢效应评估的工具尺度；价值显化是外溢效应评估的方向选择。第二，长江上游地区林业生态发展外溢效应评估流程设计：要遵循全面性、代表性、科学性和可操作性等评估原则；评估流程包括了解评估区域的特征、确定评估内容的范围、建构综合效益评价指标、选择科学的评估方法、评估林业生态发展外溢效应等步骤。第三，对长江上游地区林业生态发展外溢效应分析可知，生态效益外溢效应具体包括：部分生态效益不能被有效测量；依靠科学经营进而扩大生态效益总体规模；产生更大区域与更持久的生态效益；生态效益内涵不断丰富和发展。经济效益外溢效应具体包括：影响生产要素的配置效率，进而影响经济效益规模和结构；增加生产经营主体的经营意愿和积极性；产生更多的经济效益、社会效益和生态效益。社会效益外溢效应具体包括：促进农户生计方式的多样化转变；提高公众对生态环境的满意度；以生态助扶贫、以扶贫保生态。

构建长江上游地区林业生态发展的补偿机制，具体做法包括三个方面。第一，提高林业生态发展思想认知：认可林业生态发展的功能价值；响应林业生态发展的理念号召；加大林业生态发展的成就宣传；统一林业生态补偿的思想意识；提高林业生态补偿的认知水平。第二，识别林业生态补偿关键因素：科学确定补偿主客体；了解补偿主客体需求；合理确定补偿标准；科学选择补偿方式。第三，构建市场化、多元化生态补偿机制；多种补偿方式相互结合；跟踪监测林业生态发展；凸显差异化的支付设计；开发完善生态服务市场。

目录

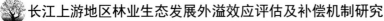

第一章

问题的提出

第一节　研究背景

一、可持续发展已纳入全球发展目标，生态文明建设面临机遇挑战

我国是全球最早接受可持续发展理念，并积极实施可持续发展战略的国家之一。党的十七大报告提出建设生态文明、扭转生态环境恶化趋势，实施创新驱动发展战略等基本要点。我国成为世界上第一个正式提出建设生态文明的国家（王超，2011）。为实现全球可持续发展，2012年联合国召开"里约+20"峰会，制定了全球可持续发展战略框架。进入21世纪后，随着全球经济发展、经济联系的日益紧密，使得经济与生态之间的矛盾更加尖锐，环境污染、土地沙化、矿产枯竭、物种加速灭绝等世界性的生态危机不断涌现。促进经济与生态的协调发展成了世界各国科学家和领导人关注的焦点。生态平衡与经济平衡，以生态为主导，而"生态利用"是一种保持自然生态平衡条件的合理利用（张建国，2002）。党的十六大以来，明确提出经济与生态协调发展是可持续发展观的内在体现，是全面建设"两型"社会、和谐社会主义、中国特色生态文明的必然要求。

2015年3月，中共中央政治局召开会议，审议通过《关于加快推进生态文明建设的意见》①，将绿色发展、低碳环保、循环经济的理念融入生态文明建设的全过程中，大力发展绿色产业，以发展绿色经济来助推产业结构调整，促进产业优化升级。该意见表明了生态文明建设的紧迫性和坚定性，预示着社会经济发展"绿色化"的方向转型（周杰文等，2018）。2016年，中国发布"十三五"规划纲要，将落实2030年可持续发展议程纳入"十三五"规划和国家中长期整体发展规划。生态文明建设的迫切要求给林业发展带来一系列新机遇，也给林业发展带来历史上最艰巨、最繁重的生态建设任务。林业兼有生态建设保护的主体功能和绿色生产的经济

---

① 明确提出"协同推进新型工业化、城镇化、信息化、农业现代化和绿色化"。

功能，林业承担着中国生态环境建设和促进社会经济持续发展的重任和使命，林业已成为生态文明建设的关键领域。

二、林业作为生产生态产品的主体部门，持续为生态文明建设赋能

土地利用转型最早由英国利兹大学 Grainger① 在研究以林业为主的国家土地利用形态时提出，之后龙花楼和李秀彬（2002）等将相关研究引进中国。土地利用过程中一般都具有若干能够体现自身结构特征的主体功能，故土地功能分类应以主导功能为重点（陈影等，2016）。林地是直接或间接用于林业的土地，是林业资源最基础的组成，也是林业资源管理、林业生产建设和实现林业可持续发展的基础（李亿祥等，2007）。

1998 年长江特大洪水引发各级政府及学者、公众等深入思考：保护上游森林资源是减轻洪水危害的重要途径。党中央、国务院做出了生态恢复重建的重大战略决策，开展了退耕还林还草工程等一系列林业重点工程建设（沈满洪等，2015；唐忠，1998）。林业的重要性全面体现在国家的可持续发展各项战略之中。2003 年，中共中央、国务院做出了关于加快林业发展的决定，要求林业有一个大的发展。中央明确，"在可持续发展中，林业具有重要地位"②。为此，林业要由以木材生产为主向生态建设为主的历史性转变（宁哲，2007）。林业在人和生物圈中，通过先进的科学技术和管理手段，从事培育、保护、利用森林资源，充分发挥森林的多种效益（詹昭宁，2007）。林业作为生产生态产品的主体部门，能够持续经营森林资源，维系人类赖以生存的生态环境，是社会公益事业（詹昭宁，2007）。同时，林业在维护国土生态安全、促进人口和经济、社会、资源、环境等协调发展具有重要作用（林英飞，2018；佘济云，2008）。党的十八大对推动生态建设、加快我国林业发展提出了更多要求，并做出相应的决策与部署，这为林业发展提供了全面的政策保障（宋秀虎，2007），生态经济协调成为林业可持续发展的战略目标，有效推动了我国林业的生态发展。

---

① Grainger A. National Land Use Morphology: Patterns and Possibilities [J]. Geography, 1995, 80 (3): 235-245.

② 具体阐述为：在生态建设中，林业具有首要地位；在西部大开发中，林业具有基础地位；在应对气候变化中，林业具有独特功能的地位。

三、"共抓大保护、不搞大开发""两山理论"为长江流域林业发展指明方向

"共抓大保护、不搞大开发"理念和"两山理论"的提出，是以习近平同志为总书记的党中央高瞻远瞩、战略谋划，建设美丽中国、实现中华民族永续发展的重要思想，为长江流域林业生态发展指明方向。

1. "共抓大保护、不搞大开发"理念为长江流域发展指明方向

2016 年 1 月，习近平总书记调研重庆时强调，"长江拥有独特的生态系统，是我国重要的生态宝库。当前和今后相当长一个时期，要把修复长江生态环境摆在压倒性位置，共抓大保护、不搞大开发"（文传浩等，2016）。这是对长江流域生态文明建设提出的新思想、新论断、新要求，为长江上游地区处理经济发展与生态环境保护的关系指明了发展方向。长江上游地区必须主动服从国家战略大局，牢固树立尊重自然、顺应自然、保护自然的生态文明理念，只有长江上游地区绿水青山产生巨大的生态效益、经济效益和社会效益，才能使"母亲河"永葆生机活力（文传浩等，2016）。在过去几年中，我国林业生态建设取得了巨大的成绩，森林种植面积、森林覆盖率等关键指标得到有效提高（王冬梅，2018）。在倡导生态文明的现实背景下，林业生态系统将作为现代林业可持续发展的长期战略目标。长江上游林业生态与经济的协调发展，已成为长江上游林业生态与经济建设的重点，关系到全面建成小康社会目标的实现，以及生态文明与美丽中国建设目标的实现。

2. "两山理论"为推进林业生态发展指明方向

习近平总书记提出了"我们既要绿水青山，也要金山银山""宁要绿水青山，不要金山银山，而且绿水青山就是金山银山"（即"两山理论"）的论断（高静等，2020；吴学瑞，2017）。"两山理论"为中国经济转型发展和美丽中国建设指明了通向中国特色社会主义人与自然、社会与自然和谐共生的现实道路，正确处理社会经济发展与生态环境保护的关系需要"两山理论"的统领（高静等，2020；柯水发等，2018）。林业作为生态文明建设的主战场，涵盖了多个系统。当前，我国林业发展的新内涵以及面临的新问题都急需有新举措开辟新路径，迈向新征程。"两山理论"为推进林业生态建设指明了方向。"绿水青山"的自然禀赋无法自动

成为致富百姓的"金山银山"，需要系统思维、科学规划与整合配套，需要厘清内在逻辑、创新转换机制和寻找实现路径（黄祖辉，2017；黄祖辉、姜霞，2017；柯水发等，2018）。

四、长江经济带生态地位日益突出，生态优先、绿色发展潜力巨大

习近平总书记亲自主持召开的这三次长江经济带发展座谈会，分别开在 2016 年、2018 年、2020 年这三个重要年度，开在长江上中下游的重庆、武汉、南京三座城市，题目也从"推动""深入推动"演进到"全面推动"。跨越五年的这三次座谈会，成为实施长江经济带发展这一重大国家战略的重要里程碑。

2016 年 1 月，习近平总书记在推动长江经济带发展座谈会上指出，推动长江经济带发展必须坚持生态优先、绿色发展的战略定位。2018 年 4 月，习近平总书记在深入推动长江经济带发展座谈会上提出，要使长江经济带成为引领我国经济高质量发展的生力军，重点阐述了推动长江经济带发展需要正确把握的四个关系。"共抓大保护和生态优先讲的是生态环境保护问题，是前提；不搞大开发和绿色发展讲的是经济发展问题，是结果；共抓大保护、不搞大开发侧重当前和策略方法；生态优先、绿色发展强调未来和方向路径，彼此是辩证统一的。"2020 年 11 月，习近平总书记在全面推动长江经济带发展座谈会上指出，推动长江经济带发展是党中央作出的重大决策，是关系国家发展全局的重大战略。长江经济带覆盖沿江11 个省市，横跨我国东中西三大板块，人口规模和经济总量占据全国"半壁江山"，生态地位突出，发展潜力巨大，应在践行新发展理念、构建新发展格局、推动高质量发展中发挥着重要作用。习近平总书记指出，要加强生态环境系统保护修复。要从生态系统整体性和流域系统性出发，追根溯源、系统治疗，防止头痛医头、脚痛医脚。要找出问题根源，从源头上系统开展生态环境修复和保护。要加强协同联动，强化山水林田湖草等各种生态要素的协同治理，推动上中下游地区的互动协作，增强各项举措的关联性和耦合性。要注重整体推进，在重点突破的同时，加强综合治理系统性和整体性，防止畸重畸轻、单兵突进、顾此失彼。要在严格保护生态环境的前提下，全面提高资源利用效率，加快推动绿色低碳发展，努力建

设人与自然和谐共生的绿色发展示范带。要加快建立生态产品价值实现机制，让保护修复生态环境获得合理回报，让破坏生态环境付出相应代价①。

五、长江上游林业生态发展具有明显外溢性，具备补偿的实践基础

1. 林业生态发展具有明显外溢性，且表征日益明显

随着社会经济发展，林业作为关系到人类社会存在与发展的基础部门而存在，其主要经营活动方式表现为保护、发展和利用森林资源（陈飞，2016）。林业经济的发展为人类提供了多种综合效益，主要包括林业生态效益、经济效益和社会效益。林业的多种效益中，林业生态效益具有明显的外溢性，与此同时，其经济效益和社会效益的外溢效应也逐渐被人们所感知。某一地区林业生态发展必然产生外溢效应，影响该地区甚至周边地区生态、经济、社会发展的可持续性。例如，林业直接为人类提供多种林产品，除了创造经济效益之外，还具有促进和维持生态环境的保护以及保持经济增长的能力，提高了人类生活质量，为社会发展提供了大量就业机会等，在社会公益方面具有无可替代的重要作用（谢进，1987；张永利，2004）。林业生态经济发展外部性的存在容易影响林业经营主体的积极性和主动性，甚至会造成林业生态环境不断遭受破坏、环境承载能力下降等现象，一定程度上削弱了市场对资源的最优配置作用（段伟杰，2011）。建立林业生态补偿无疑是保护林业资源、维护生态平衡的重要途径（彭秀丽等，2019）。

2. 长江上游开展林业生态补偿多为顶层设计，各类实践多在积极探索中

2005 年，国家将生态补偿机制建设列为年度工作要点。生态补偿机制的实践于林业部门率先开展，以生态补偿机制为手段，实施退耕还林、退耕还草成为重要政策举措（沈满洪等，2015）。地方开始探索建立生态补偿制度，自浙江始，全国部分省（自治区、直辖市）陆续展开实践生态补偿机制建设（沈满洪等，2015）。但我国的流域生态补偿机制建设起步较

---

① 资料来源：时政新闻眼｜第三次长江经济带发展座谈会，习近平这样擘画长江宏图［EB/OL］．［2020-11-15］．https：//baijiahao．baidu．com/s？id=1683435559653282417&wfr=spider&for=pc．

晚，理论研究不足，立法滞后，补偿机制只有顶层设计还没有形成完善的补偿标准和方法体系（姬鹏程，2018），主体功能区规划的实施深化了流域区域间利益的不均衡，功能区定位导致限制和禁止开发区承担一定的额外成本和面临发展机会的损失，流域生态补偿是协调不同功能区利益关系的重要手段（姬鹏程，2018；张化楠等，2017）。党的十九大报告明确提出要"建立市场化、多元化生态补偿机制"，为"加快生态文明体制改革，建设美丽中国"指明了实现路径（荣冬梅，2020）。国家生态补偿制度框架已经构建，发展路线图也已基本明确，但补偿方式、补偿标准、补偿机制等都有待进一步明确。各级政府正在积极建立生态补偿政策，探索多渠道、多形式的生态补偿试点，探索多元化的生态补偿方式。

综合多重现实背景，对长江上游地区林业生态发展外溢效应评估及补偿机制开展研究，有助于处理好长江上游地区林业生态与经济发展的关系，进而促进协调配合发展，乃生态之需、发展之要。

第二节 研究意义

研究长江上游林业生态发展外溢效应评估及补偿机制，对促进长江上游地区林业生态、经济、社会和谐发展具有重要意义。

一、理论价值

（1）以外部性理论、公共物品理论、系统论、协调理论、控制论等诸多理论为理论支撑和指导思想，以文献研究、历史与现实研究相结合，探寻林业生态发展外溢效应，能够丰富和发展林业生态发展效应的相关内涵和外延。

（2）研究"共抓大保护、不搞大开发""两山理论"统领思想下的林业生态发展综合效益和外溢效应，能为开展林业生态发展外溢效应评估提供理论支持，也可以对林业生态发展补偿机制构建提供理论指导。研究成果有助于探索"两山理论"在林业发展方面应用的实践经验，拓展林业综合效应研究新视野。

二、应用价值

长江上游地区的自然生态系统和生态屏障，不仅关系到本地区人民的生活和经济发展，还直接影响着长江中下游地区人民的生命财产安全和社会经济发展（孙鸿烈，2008）。合理利用长江上游地区林业生态与环境资源，对长江流域乃至全国的生态和环境保护具有重要意义。

（1）有助于从理论与现实视角深入认知长江上游林业生态发展的必要性及其产生的外溢效应，对提出长江上游地区林业生态补偿机制构建建议，促进并实现区域可持续发展提供决策参考，为加强生态补偿合作、构建流域生态补偿机制提供观念上、态度上、行动上的现实依据。

（2）有助于丰富生态文明建设在长江上游地区林业领域的实践应用，为进一步推进林业生态系统健康发展，进而为实现资源共享、环境保护、经济发展、社会文明等和谐局面提供智力支持。

（3）通过考察长江上游地区林业生态发展现实状况，并对该区域林业生态发展的综合效益、外溢效应进行分析和评价，为长江上游区域省份落实"长江上游经济带经济体制和生态文明体制综合改革试验区"的设想提供可借鉴参考。

（4）为其他流域的林业生态发展外溢效应评估及补偿机制构建提供经验支持和策略参考，对维护全流域生态保护和民生改善具有现实意义。

第二章

核心概念与理论基础

第一节　概念界定

一、林业

《辞海》认为林业是培育和保护森林以取得木材和其他林产品的社会生产部门。在《现代汉语词典》中，林业是培育和保护森林以取得木材和其他林产品的生产事业。早期把林业界定为种树绿化、砍树取材的产业，忽视了林业的社会、环境及文化功能，具有一定的局限性。随着人们对生态认知的提高和经济水平的发展，人们对林业的界定发生了较大的变化，认为林业是人类对森林资源的全面培育、全面保护、全面利用、全面发展的经营活动，是以森林的多功能来满足经济、社会多需求的基础性产业和社会公益事业（刘青柏、刘明国，2005）。林业不单纯是一种产业或者事业，更不是大农业的一个分支，要从可持续发展战略和现代林业发展的需求来理解和研究林业（陈云芳，2012）。更多学者把林业界定为：林业是以经营森林生态系统为主，具有产业属性的社会公益事业（陈云芳，2012；刘青柏、刘明国，2005）。林业是人类与森林资源及其环境之间的关系的总和，并随着经济发展和社会需求变化而发展（陈云芳，2012；杨超等，2020）。林业在生态文明建设中具有主体性、基础性和先导性的作用，在林业建设的基础上，发展林业生态经济正在成为当前我国实现绿色发展的重要内容和基本路径（田淑英等，2017；杨超，2020）。

二、林业生态经济

生态经济学的兴起最早源于经济学家关于地球承载极限的思考。20 世纪 60 年代，美国经济学家 Boulding① 首次提出，随着人类的经济发展、人

---

① Boulding K E. The Economics of the Coming Spaceship Earth［R］. Baltimore：Johns Hopkins University Press，1966.

口增长以及环境污染的加剧，运用经济学手段量入为出、构建一个开放循环的生态系统，并使系统内废物的产出与原料的摄取能够有机地结合起来，进而实现人类需求与自然供给的动态均衡，人类才有可能走出未来资源枯竭、环境恶化的危机（齐红倩、王志涛，2016）。生态经济是有利于地球的经济构想。Daly[1]认为，商品与社会间的联系并不能脱离生态系统而独自存在，要将两者有效结合。Boulding 和 Daly 的早期探索为生态经济发展奠定了思想基础，但在当时的时代背景下，是以经济快速增长为导向，生态环境问题在全球范围内并未引起足够重视。直到 20 世纪 80 年代初期，以"国际生态经济整合"为主题会议的召开，一批经济学者开始倡导建立国际生态经济合作研究体系。此后，围绕生态经济领域的相关问题，掀起了生态经济学研究的热潮（齐红倩、王志涛，2016）。

自诞生以来，生态经济扬弃传统经济无视资源、生态和环境之流弊，认为秉承环境友好、经济与生态是不可分割的（白屯，2009；曹洪华等，2013）。学者们研究认为，生态经济是指在一定区域内，遵循生态规律和经济规律，综合运用生态学原理和经济学原理，以生态经济学的原理为指导，在生态系统承载力范围内，充分发挥资源利用效率，实现自然财富和社会财富最大化[2]，人与自然和谐相处，人们健康幸福，资源永续利用，经济、社会和生态复合系统可持续发展的一种经济形态（龚天平、刘潜，2019）。生态经济把人类的经济活动放在生态系统的视野范围内考察，并给予人类经济活动新的社会价值标准（曾芬钰，2008）。生态经济是实现和谐发展的多赢经济，但同时也面临着生态风险（谢进，1987）。

早在 1980 年，在全国林业经济理论讨论会上，大家一致认为，这次会议提出建立森林生态经济学是适时的和必要的，林业经营应建立在森林生态系统理论基础上，实行"生态原则"和"经济原则"的统一。在经济发展前期，社会对森林的需求以木材为主，大规模采伐森林是支援经济发展的代价性损失（郭平，2016）。当经济发展到一定阶段后，社会对森林的非商品需求日益增长，森林的生态价值提升（龙开胜、陈利根，2012；杨超等，2020）。后续学者对林业生态经济的界定主要体现在系统性和功能

---

① Daly H E. On Economics as a Life Science [J]. Journal of Political Economy, 1968, 76 (3): 392-406.

② 赫尔曼·E. 戴利，乔舒亚·法利. 生态经济学：原理和应用 [M]. 金志农，陈美球，蔡海生，译. 北京：中国人民大学出版社，2014.

性两个方面，认为林业生态经济的核心思想是转化，即林业资源作为生产要素的形式转化为林业经济收益（田淑英等，2017）。其中，代表性观点有：林业生态经济是以森林生态经济系统为基础，通过生态经济的生产与消费方式的应用，使得经济、社会系统与森林生态系统之间的需求和供给处于动态平衡（何迺维，1981；何正学，2000；田淑英等，2017）。

三、林业复合系统

1. 生态系统

生态系统（Ecosystem）一词由英国植物生态学家 A. G. Tansley 于 1935 年首先提出，他对植物群落进行深入研究，指出居住在同一地区的动植物与其环境是结合在一起的，我们不能把生物与其特定的自然环境分开，生物与环境形成一个自然系统。这种构成了地球表面上具有不同大小和类型的基本单位，就是生态系统。生态系统概念被提出来以后，受到许多人的赞赏。生态系统概念强调的生物和环境是不可分割的整体；强调生态系统内生物成分和非生物成分在功能上的统一，把生物和非生物成分当作是自然实体，这个自然实体——生态系统就是生态学上的功能单位（蔡晓明，2000）。进入 21 世纪以来，生态系统研究取得了重要进展，在国际上形成了一系列的研究热点，主要关注生态系统的格局、动态、过程、服务可持续管理等相关科学问题，服务于生态保护与恢复、生态评价和生态系统管理，是连接生态科学、地理科学及区域发展决策的桥梁和纽带（傅伯杰，2010）。生态系统研究正在向着机理深化、多尺度系统监测与模拟、社会经济—自然综合评价与管理对策等多维方向不断发展。

2. 生态经济系统

生态经济系统是一个具有独立的特征、结构和机能的生态经济复合体，并有其自身运动的规律性，是一个能充分、合理地利用各种自然资源、社会经济等条件，形成生态经济合力，产生生态经济功能和效益的单元（许涤新，1985）。生态经济系统属于一种复合系统，综合考虑了当前利益和长远利益、整体利益和局部利益（封新林，2005）。生态经济系统概念被提出后，许多学者不断丰富和发展其内涵，相似的概念被不断提出，增加了"复合"两个字。两者的关注点有所不同，早期的研究多被称为复合生态经济系统（奈民夫·那顺等，1990；叶茂新等，1989），后期的研究多被称为生态经济复合系统（白华、韩文秀，2000；付绍春等，2005；黄德春等，2018；孙桂娟、叶峻，2008；王金龙等，2018）。早期研究侧重于系统交叉形成的复合系统，后期研究侧重于由不同属性的子系统复合而成的大系统（复合系统）。生态经济系统是指由生态系统和经济系统通过技术中介以及人类劳动过程所构成的物质循环、能量转化、价值增值的信息传递的结构单元，即生态系统与经济系统不能自动耦合，必须在人的劳动过程中通过技术中介才能相互耦合为一个整体（严立冬，1996）。生态经济系统的运动不是单独的经济规律或生态规律作用的结果，而是经济规律和生态规律共同作用的结果。同时，应该看到生态规律和经济规律的共同作用还形成了一些生态经济系统的特有规律，即实体系统与概念系统的融合性、生态系统与经济系统的双向耦合性、生态经济系统的协调有序性、生态经济平衡规律等（白华、韩文秀，2000；曾芬钰，2008；滕有正，1985；严立冬，1996）。

3. 林业生态社会经济系统

随着科技的发展和经济的进步，20世纪中叶出现了全球性的生态和能源危机，人们开始对传统林业经营思想与经营模式进行反思，提出构建林业生态系统的思想（佘济云，2008）。国外将林业生态系统进行解构，更多的是从经营形式开展研究，其中比较有代表意义的包括：奥地利的"森林经营新模式"、瑞典的"立地特点林业"、德国的"正确林业"、加拿大的"森林计划模式"、瑞典的"近自然森林经营"等（佘济云，2008）。国内对于林业生态系统的代表性的研究有：林业生态经济系统是指由林业生态系统和林业经济系统相互作用、相互渗透、相互交织所组成的，具有一定结构和功能的复合系统（张建国，1995）。林业经营必须遵循生态系统的生存、发展、竞争等自然规律，实现人类与自然、环境的协同共生、和谐发展（佘济云，2008）。人类社会经济对森林生态系统产生需求，森林生态系统对人类经济产生供给，需求与供给之间发生了紧密的联系，构成了林业生态社会经济（复合）系统，简称林业生态社会经济系统。一定区域内的林业生态系统与林业社会系统及林业经济系统也组成一个生态经济社会系统，该区域林业发展受到该地区经济发展水平、政策法规、人口增长速度、产业结构等诸多因素的影响（邵权熙，2008）。

四、林业综合效益

林业效益主要是指林业综合效益，实质上是林业经营者（主体）的生产过程中，为客体（以人类社会为中心的环境—社会系统）所需求和接受的生态效益、社会效益和经济效益的综合和统一（张建国、余建辉，1991）。林业三大效益实质上反映的是林业输出成果中被不同客体接受的收益值，即经济系统从林业经营系统输出中获取的经济收益，社会系统获取社会收益和环境系统获得的生态收益（张建国、余建辉，1991）。

林业生态效益是指在人类干预和控制下的森林生态系统，对人类化的环境系统在有序结构维持和动态平衡保持方面的输出效益之和，即有益于维持其有序结构和动态平衡的生态收益（余建辉、张建国，1992；张建国、余建辉，1991），是人们在生产过程中，依据生态平衡的定律，能够使自然界的生物对人类的生产、生活和环境产生有利的影响（刘景生，2012）。

林业经济效益经历了早期和发展后两个阶段。早期的代表性观点有：林业经济效益从简单劳动过程的观点来看，是指在培育、保护、经营、利用森林过程中，在一定时期内，用一定量的劳动消耗和劳动占用，实现比该劳动消耗和劳动占用更大的林业商品的价值、使用价值和森林生态环境的价值、使用价值，不断满足社会需要（陈大夫，1986）。在经历了经济发展和林业地位及作用的认知改变后，林业经济效益的含义又丰富了起来，其中，代表性观点有：林业经济效益是指人类对森林生态系统进行经营活动时所取得的，即社会系统从林业经营系统产出成果中获取的经济收益，可在市场上交换而获利的一切直接收益（余建辉、张建国，1992；张建国、余建辉，1991）。

林业社会效益是林业经营系统为社会系统提供除去经济效益外的一切社会收益（张建国、余建辉，1991），它体现在对人类身心健康的促进作用方面，体现在对大类社会结构改进方面，体现在对人类社会精神文明状态改善方面（余建辉、张建国，1992）。林业社会效益包括旅游资源、物种保护、生物基因、宗教艺术效益等（龚传洋，2005）。

林业经营综合效益包括林业的货币化的直接收益，又包括非货币化的间接收益（张建国、余建辉，1991；张建国等，1990）。林业效益是经济效益、社会效益和生态效益的统一，林业产品具有商品的特性，用于交换可获得直接的经济效益；同时林业又是生态环境建设的社会公益性事业，具有巨大的社会效益和生态效益（刘青柏、刘明国，2005）。传统的森林经营效益评价偏重森林的直接物质生产功能，由于生态效益难以量化，虽涉及生态效益但对其的评价不尽合理。同时，森林经营不仅要做到技术上可行，生态和社会效益显著，而且在生产实践中要做到经济上可接受（苏立娟等，2015）。林业三大效益实质上反映出林业输出成果中被不同客体接受的收益值。考虑林业综合收益通常既要考虑到静态性，又要考虑到其动态性，同时还要充分体现其与社会经济发展的协调性（龚传洋，2005）。

五、外部性与外溢效应

1. 外部性

外部性亦称外部效应（Externality），是经济学的一个概念，是指一个经济主体的生产函数里包含了别人的自变量，即一个经济主体因他人的行为而获得的收益或遭受的损失。外部性可以分为正外部性（或称外部经济、正外部经济效应）和负外部性（或称外部不经济、负外部经济效应）两类（李翊铭，2018；唐忠，1998）。例如，就森林资源自然属性而言，在其生长成熟过程中为人类生存和社会发展提供诸多种类的正外部性影响，但不合理使用林业资源的现象，使生态效益提供不足，相伴产生了诸如水土流失、野生动植物濒临灭绝等负外部性影响。

2. 外溢效应

20世纪90年代，人们对外部效应的研究逐渐深入，形成了更为全面的认知，外溢效应一词在宏观经济领域被提出[①]，并逐渐在技术、人力资本、企业、旅游领域被逐渐应用。其中，技术溢出效应是指通过技术领先者拥有技术的非自愿扩散，促进了当地技术和生产力水平的提高，是经济外在性的一种表现（王萍，2006）。人力资本溢出效应是指基于人力资本投资与收益的非对称性，知识的接受者或需求者消化吸收知识所导致的知识创新以及所带动的经济增长等其他影响（张宇、陈美兰，2010）。企业

---

① 2010年11月，胡锦涛在二十国集团领导人第五次峰会上指出，应该"重视二十国集团宏观经济政策对发展中国家的外溢效应""树立以发展促增长、以合作抗风险的新发展理念"。

间技术溢出效应是指一个技术领先企业的技术会对同行业企业或者关联企业的技术进步产生积极的外部效应（赵静、王利晓，2017）。旅游经济的溢出效应是指旅游活动的外部性（马丽君、张家凤，2018）。学者普遍认为外溢效应（Spillover Effects）是一个经济主体在进行某项经济决策时，同时会对其他的经济主体或社会产生影响，即产生了某项活动或经济决策的外部性（杨伟智，2012；张乐，2016）。外溢效应，又称溢出效应，具体指一个主体的某一行为或者特征会影响到与该主体具有一定相关性，但又不存在这一行为或特征的另一个主体①。

六、生态补偿

生态补偿概念最早是一个自然科学的概念，后引入社会科学研究领域（孔凡斌，2007）。国外学术界描述经济学意义上生态补偿定义主要有两种：一种是"生态（环境）补偿"，其含义是通过改善被破坏地区的生态系统状况，来补偿由于经济开发而导致的现有的生态系统功能下降或破坏，以保持生态系统的稳定性；另一种是"生态（环境）服务付费"（Paymont for Ecosystem Services，PES），是通过经济手段进行的，以保护林业生态系统（彭秀丽等，2019）。国际生态补偿主要是基于"生态系统服务付费"理念产生并逐渐发展的。在20世纪80年代初，时任林业部部长雍文涛关于公益林补偿的论述虽然没有直接提出"生态补偿"的概念，但他的论述中已经明确提出了国家和社会对于公益林业建设应承担的责任和义务，为"生态补偿"提供了理论和实践基础。1992年，雍文涛在《林业分工论》中指出，"公益林业是以发挥森林生态效益，保护自然生态、经济生态和人类生存环境为主要任务的林业"（王前进等，2019）。

国际生态系统服务付费与我国生态补偿概念大体一致，生态系统服务付费又称生态效益付费，是指生态服务受益者向提供者进行经济补偿，通过对保护（损害）生态环境的行为进行补偿（收费）以提高该行为的收益（成本），从而激励保护（损害）行为的主体增加（减少）因其行为带来的外部经济性（不经济性），进而达到保护生态环境的目的（范振林等，

---

① Ahluwalia R, Bumkrant R E, Unnava H R. Consumer Response to Negative Publicity: The Moderating Role of Commitment [J]. Journal of Marketing Research, 2000, 37 (2): 203-214.

2020；刘以、吴盼盼，2011；吕志祥、闫妮，2016）。《关于开展生态补偿试点工作的指导意见》从环境管理和公共政策视角出发，给出生态补偿机制定义。生态补偿机制是以保护生态环境、促进人与自然和谐为目的，根据生态系统服务价值、生态保护成本、发展机会成本，综合运用行政手段和市场手段，调整生态环境保护和建设相关各方之间利益的环境经济政策（彭秀丽等，2019；孙根紧、何婧，2011）。生态补偿是通过市场化的生态补偿机制实现公共性生态产品价值，以保护和持续利用生态系统为目的，坚持"谁受益、谁补偿"的原则，以经济手段为主调节利益相关者之间的关系（范振林等，2020）。森林生态补偿是一种运用经济手段保护森林资源和生态环境的制度安排，对保持森林生态系统功能的稳定性，实现森林经济和生态价值影响较大。

生态补偿可以进一步划分：根据补偿资金来源渠道不同，生态补偿可分为纵向生态补偿和横向生态补偿。纵向生态补偿是指以政府财政纵向转移支付的生态补偿方式。横向生态补偿是指在某一区域内对保护和恢复生态环境及其功能而付出代价、做出牺牲的单位和个人进行经济补偿时，采用同级的各地方政府之间财政资金的相互转移的制度安排。横向生态补偿可以较好地解决财力均等化和外部性的问题，是纵向生态补偿最有益的补充，对加强森林生态资源丰盈区环的生态保护、促进经济协调发展具有重要意义（胡书兴，2019；郑雪梅，2017）。根据补偿支付手段不同，生态补偿分为公共财政补偿和市场化生态补偿。公共财政补偿是指政府用财政资金向提供生态系统服务的提供者或维护者进行直接补偿（杨谨夫，2015）。市场化生态补偿是指把生态补偿纳入市场调节范围。经过科学严密的评估，赋予生态保护区内具有生态保护能力和资质的农场、林场等经营组织合法的生态补偿市场主体地位，允许其向市场供给优质的生态服务产品；也要赋予受益区内经营组织合法的生态补偿市场主体地位，规定其为生态服务产品购买付费，例如自来水公司、种植养殖专业户等。同时，允许民间环保组织参与其中，成为合法市场主体，供给或购买生态产品，由此实现生态补偿市场主体的多元化（席鹭军，2018）。一般同一个国家或地区同时存在多种补偿方式，并在实践中不断创新生态补偿机制的建设，以激发全社会参与生态保护的积极性。

第二节　理论基础

一、外部性理论与公共物品理论

1. 外部性理论

外部性是某一经济主体的活动对另一个或另一些行为主体产生的一种未能由市场交易或价格体系反映出来的影响。森林的管理与经营存在外部性，而且一般是正外部性，即为他人带来外部收益，例如，上游的森林保护可以防止下游的水土流失、减少洪涝和提高水质等（阙占文，2011）。

2. 公共物品理论

公共物品（Public Good），又称公共产品、公共财货，具有非排他性和消费上的非竞争性。非排他性指一个公共物品提供给某些人并不能排除其他人对这个物品的消费，即使他们没有支付费用；非竞争性指一个个体对某个公共物品的享受不会降低此物品对其他人的可用性。当非排他性和非竞争性存在时，市场就受到损害，因为公共物品或服务的受益人没有动力向产品或服务的提供者支付费用。在林业领域，没有环境服务付费将导致林业保护、管理和建设的投资不足，林业经营主体经营动力不足等问题（阙占文，2011）。

二、系统论与协调理论

1. 系统论

一般系统论的基本思想是由奥地利生物学家贝塔朗菲于 20 世纪 20 年代初提出的（宁哲，2007）。1968 年，贝塔朗菲发表了专著——《一般系统论——基础、发展和应用》，这是他的一般系统论的代表性著作。贝塔朗菲则将其定义为："系统是处于一定相互联系中的与环境发生关系的各个组成成分的总体。"贝塔朗菲指出，一个系统的发展方向，取决于该系统的"预决性"，一个系统不仅要由实际条件来决定，而且要受所达到的最后状态所制约（宁哲，2007）。我国科学家钱学森把内部具有复杂性和关联性的研究对象看作"系统"，并且这个系统同时又从属于另一个更大系统。系统是普遍存在的，在复合系统中，存在着互相联系、相互制约的若干组成部分结合在一起并且具有特定功能的有机整体（宁哲，2007；张慧，2016）。林业经营是一个复杂的系统，同时，它又从属于环境—社会大系统，两者之间以及林业经营系统内部各组成要素之间又存在十分复杂的相互作用关系（张建国、余建辉，1991）。由系统论可知，一个系统某些部分或子系统的最优，并不等于系统整体功能的最优，林业生态经济社会系统的生态效益、经济效益、社会效益一般不可能同时取得最佳发挥，必须综合平衡才有可能达到整体效益的最佳和协调（邵权熙，2008）。

2. 协调理论

协调是个系统的概念，即和谐一致，配合得当。在系统论和控制论中，协调发展是指两个或两个以上相对独立但在某些性质上具有相通之处的子系统在经历过相互对立、相互制约和相互影响的阶段后开始相互结合、相互转化，进而形成了一个新的大系统。系统内各要素的活动或行为之间存在相关性，协调是对这些相关性的管理，正确处理不同要素活动之间的各种关系，使系统有效运行，实现整体目标。"协调"（Coordination）与"协调发展"（Coordinated Development）的思想和行动由来已久。1990年，Norgaard 提出了协调发展理论，该理论把经济发展过程看作是不断适应生态环境变化的过程（王玉芳，2006）。协调理论指出协调需要尊重客观规律，把握系统相互关系原理，围绕实现系统演进的总体目标，通过建立有效的运行机制，综合运用各种手段、方法和力量，依靠科学的组织和管理，使系统间的相互关系达成理想状态的过程（李敬、熊德平，2007）。

在我国，自"可持续发展"尤其是"科学发展观"提出以来，"协调"与"协调发展"更是不绝于耳。协调不但是一种状态，而且是一个过程。协调的状态是指各组成要素之间表现出恰当的关系，体现一种整体上的合理效应（卢志滨，2016），协调是多个系统或要素健康发展的保证。近年来，协调发展的概念被提出，协调发展是指系统内部各要素相互协调、相互适应，围绕系统的发展目标，最终体现一种整体上的合理效应，是一种由小到大、由简到繁、由低级到高级、由旧质到新质的运动变化过程（卢志滨，2016）。协调理论是近年来发展的最为重要的理论之一，指出协调需要尊重客观规律，把握系统相互关系原理，围绕实现系统演进的总体目标，通过建立有效的运行机制，综合运用各种手段、方法和力量，依靠科学的组织和管理，使系统间的相互关系达成理想状态的过程（李敬、熊德平，2007）。协调理论区别于其他理论的重要特征有两点，第一，目标必须由一个以上的活动者共同实现；第二，活动者进行的活动之间存在依赖关系，这些关系的处理方式会直接影响整体目标的实现。人类社会经济行为要符合生态经济社会协调发展的要求，在充分开发生态系统资源和能量的基础上，满足人类社会经济发展的需求，促进社会的全面进步，同时不能超出生态系统的承载能力，要实现生态系统、经济系统、社会系统的综合平衡，努力实现三者的长久协调和可持续发展（邵权熙，2008）。因此，从协调的角度，系统内部的活动可以分为两类：一类是为了实现系统目标必须进行的活动；另一类是管理和控制这些活动之间依赖关系的活动。经济发展与生态环境协调发展理论是从系统的角度研究经济发展与生态环境关系。该理论认为，人类生存的区域环境是一个复合系统，其中包括社会环境、经济发展以及生态环境等诸多因素组成，各个因素相互关联，其中任何一个因素的状态的变化都会引起其他因素的连锁反应，从而影响整体系统的状态（陈飞，2016）。运用协调理论分析并优化系统内要素之间的相互影响、相互作用，使生态、经济系统互相协作、协调发展，最终实现整个系统的可持续发展（丁阳，2015）。

三、"两山理论"与控制论

1. "两山理论"

习近平总书记在讲话中多次指出，"既要绿水青山，也要金山银山""宁要绿水青山，不要金山银山，而且绿水青山就是金山银山"，完整而深刻地阐述了"两山理论"的重要内容。"两山理论"是一个涉及多维度、多层次和多领域的发展理念，既符合人类社会的发展规律，又符合人类社会发展的最终目的。"两山理论"以资源环境承载能力为基础，遵循自然规律、社会规律和生态规律，以可持续发展、人与自然和谐为目标，强调将资源的有限性与发展的无限性结合起来，以尽可能少的资源、环境代价，实现经济社会生态的可持续发展（吴学瑞，2017）。

2. 控制论

控制是指人们根据给定的条件和预定的目的，改变和创造条件，使事物沿着可能性空间内确定的方向（或状态）发展。Norbert Wiener 于 1940年提出：控制论是施控主体对受控客体的一种能动作用，这种作用能够使受控客体根据施控主体的预定目标动作，并最终达到这一目标（蒋建平、刘震，1992）。控制论是研究人们如何通过对事物运行的内在机制的揭示，并通过人的干预使事物能够按照人们预定的标准或最佳的方式运行的理论。首先，控制是以复杂的因果关系，以可能的存在为条件的；其次，控制必须有目的，即预期的果；最后，为了实现目标，必须从多个可能的因中选择出能实现目的的那种因，并主动地用这种因以促使目的的实现。因此，控制离不开选择，也就是说，控制中要有一种能动作用（宁哲，2007）。用控制理论调控其生态经济系统，持续稳定地、最大限度地发挥森林多种效能，实现永续利用，生态效益、经济效益和社会效益相统一（蒋建平、刘震，1992）。

四、森林多功能经营理论与生态系统经营理论

1. 森林多功能经营理论

1867 年，时任德国国有林林业局局长的奥拓·冯哈根指出，经营国有林必须兼顾持久地满足木材和其他林产品的需求，以及森林的服务功能。这被认为是著名的森林多效益永续经营理论。20 世纪 50 年代，德国林业学家第坦利希创立了林业政策效益理论，从而使德国林业走上法治轨道。20 世纪 60 年代以后，德国开始推行森林多功能理论，该理论逐渐被美国、瑞典、奥地利、日本、印度等国家接受，传统的森林经营思想和理论发生了革命性变革（荣冬梅，2020）。

进入现代社会，经济无节制的发展，使森林资源遭到严重破坏，导致全球范围内环境质量下降，生物圈面临严重的威胁，这些问题使人类社会与自然界关系日益紧张，加上人们对森林效用的追求，迫使人们以发展目光对传统的发展模式进行深刻反思，并清楚地觉察到，生态与经济是不可分割的，必须建立在社会、生态大系统协调发展的基础上（荣冬梅，2020），积极实践森林多功能经营理论，促进林业综合效益的发挥。

2. 生态系统经营理论

20 世纪 70 年代，"生态系统经营"一词开始出现在环境保护组织的出版物中，但当时的生态系统经营仅局限于单纯的环境保护。随后，美国的

"新林业"思想被提出：森林的生产、保护和游憩功能不会自然、均衡地出现，需要转变为多目标经营的新林业（欧阳勋志，2002）。1992 年，联合国环境发展大会提出了可持续发展的概念，从此各国开始走向可持续发展的森林生态系统经营模式，揭开了森林经营的新篇章（张会儒等，1997）。各国政府和学者陆续对生态系统经营进行探索研究，总体上认为：生态需求是较高生产力阶段人类的最根本需求，森林经营的目的不应该仅仅是单一的经济、生态或社会效益，而只能是三种效益相结合并以生态保护为首要目标（荣冬梅，2020）。该模式有两个特点：一是强化了林业可持续发展的理念；二是强化了生态系统的观念。这种以生态发展为主的发展战略，也正好适应于人类社会可持续发展意愿（荣冬梅，2020）。

第三节　本章小结

　　本书涉及的核心概念包括林业、林业生态经济、林业生态经济系统、林业综合效益、外部性、外溢效应、生态补偿等；本书相关的理论基础包括外部性理论、公共物品理论、系统理论、协调理论、"两山理论"、控制理论、森林多功能经营理论、生态系统经营理论。以上内容是本书开展研究的基础前提，概念及理论释义详见下文阐述。

第三章

文献综述

用中国知网（CNKI）总库以"林业"为主题进行搜索（时间截止到2020 年 10 月 5 日）。从图 3-1 可以看出，有关林业的文献数量逐年增多，尤其是在 1998 年以后，文献出现快速增长的趋势。这主要源于 1998 年以来，对林业的关注全面体现在国家、各级政府可持续发展各项战略中，林业的地位和重要作用逐渐被各级政府、科研人员及各类公众所认知。

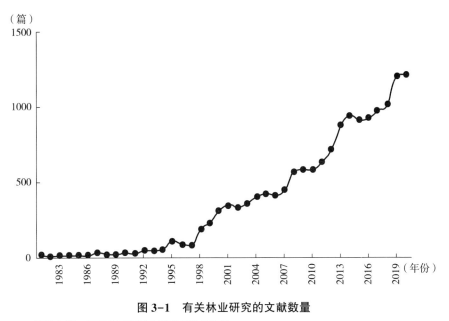

图 3-1 有关林业研究的文献数量

资料来源：根据中国知网总库搜索结果绘制。

根据本书的研究目的，本章内容重点从林业生态发展、林业效益、外溢效应、生态补偿四个方面开展文献述评。

第一节 林业生态发展相关研究

一、总体概况

1. 主要主题分布情况

利用中国知网（CNKI）总库以"林业生态发展"为主要主题进行搜索（时间截止到 2020 年 10 月 5 日），从全部搜索结果的前 10 名的主要主题分布见图 3-2，依次为：生态林来（524）>林业生态建设（473）>林业可持续发展（371）>林业发展（351）>林业生态（333）>生态建设（275）>现代林业（269）>生态文明（262）>生态文明建设（212）>生态林业建设（184），其他相关主题情况（前 40）见图 3-2。近年来，林业生态发展已成为林业共识的发展方向，有一定的理论和实践基础。同时，围绕不同主题开展了相关研究，主要集中在地位作用、发展理念、发展机理、路径等方面。

全部搜索结果的共现矩阵分析情况如下：前 5 名的主题是：林业生态建设、生态林业、林业生态、生态林业建设、生态文明。其中，与林业生态建设相关性较大的主题有：林业生态（78 篇）、现代林业（19 篇）、森林技术推广（13 篇）、林业产业（47 篇）、林业产业发展（40 篇）、人民政府（12 篇）；与生态林业相关的主题有：林业可持续发展（34 篇）、林业技术推广（65 篇）、森林资源（14 篇）、林业技术（47 篇）、林业生态工程（26 篇）；与林业生态相关的主题有：林业生态工程建设（17 篇）、林业生态环境（15 篇）、林业生态环境建设（12 篇）、林业产业（15 篇）、林业生态保护（13 篇）；与生态林业建设相关的主题有：林业可持续发展（11 篇）、林业技术（76 篇）、林业经济（13 篇）；与生态建设相关的主题有：现代林业（25 篇）、林业发展（19 篇）、林业产业（30 篇）、林业产业发展（27 篇）。其他主题共现矩阵见图 3-3。综合来看，文献中林业生态发展（含可持续发展、现代林业、生态林业）是林业主要发展方向，林业资源（含林业生态工程）是重要依托，林业产业发展（含林业技术推广）是主要路径。

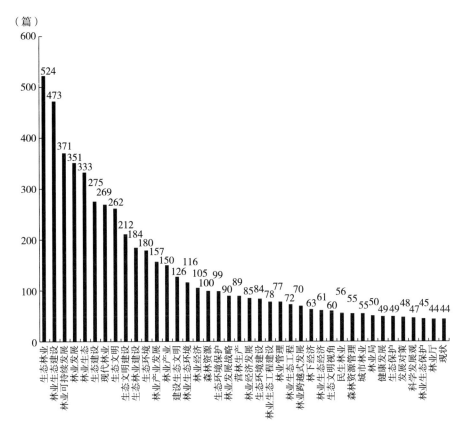

图 3-2 以"林业生态发展"为主要主题分布的文献数量

资料来源：根据中国知网总库搜索结果绘制。

2. 次要主题分布情况

利用中国知网（CNKI）总库以"林业生态发展"为次要主题进行搜索，全部搜索结果前 10 名的次要主题分布依次为：林业生态建设（1789篇）>林业资源（347 篇）>林业生态（289 篇）>森林资源（284 篇）>林业产业发展（271 篇）>林业生态工程建设（265 篇）>林业生态工程（255 篇）>生态环境（233 篇）>林业生态体系（232 篇）>林业产业（205 篇），其他相关主题情况（前 40 名）见图 3-4。近年来，以林业生态发展为次要主题的研究也逐年增多，围绕不同主题开展了相关研究，主要内容更加具体，集中在某一林种、某一生态工程、某一林业产业或是林业产业系统、林业生态系统等方面。

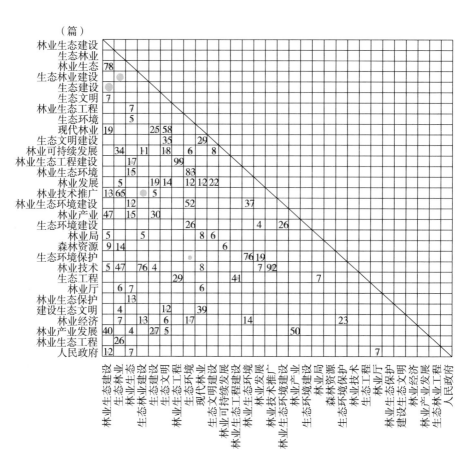

图3-3 以"林业生态发展"为主要主题的全部搜索结果的共现矩阵分析

资料来源：根据中国知网总库搜索结果绘制。

全部搜索结果的共现矩阵分析情况：排名前5名的主题是：林业生态建设、林业资源、林业生态、森林资源、林业产业发展。其中，与林业生态建设相关性较大的主题有：林业资源（26篇）、森林资源（21篇）、林业产业发展（67篇）、生态环境（21篇）、林业产业（20篇）、生态文明建设（28篇）、生态建设（31篇）、林业局（39篇）、生态公益林（13篇）、生态林业（15篇）、天然林保护工程（26篇）、国家林业局（29篇）、现代林业（13篇）、生态环境建设（15篇）；与林业资源相关的主题有：林业产业发展（11篇）、生态环境（10篇）；与林业生态体系相关的主题有林业产业体系（19篇）；与生态公益林相关的主题有商品林（12

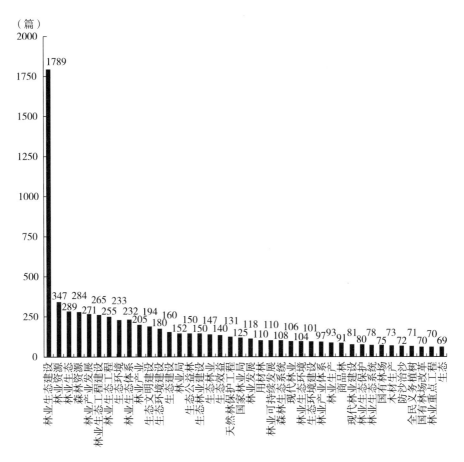

图 3-4　以"林业生态发展"为次要主题分布的文献数量

资料来源：根据中国知网总库搜索结果绘制。

篇）。其他主题共现矩阵见图 3-5。综合来看，文献中林业生态建设（含生态文明建设、生态环境建设、生态林业、现代林业）是林业发展方向，国家林业局（含林业局）是林业发展相关政策制定者和倡导者，林业资源（含森林资源、林业生态工程）是依托，林业产业发展（含林业技术推广）是路径。

3. 学科分布情况

从全部搜索结果来看，围绕林业生态发展开展研究的学科主要集中在林业、农业经济、环境科学与资源利用、植物保护、宏观经济管理与可持

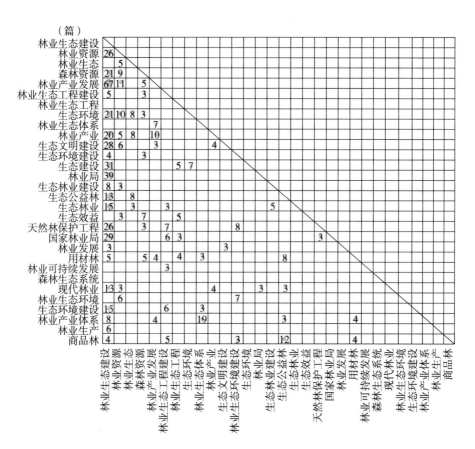

图 3-5 以"林业生态发展"为次要主题的全部搜索结果的共现矩阵分析

资料来源：根据中国知网总库搜索结果绘制。

续发展、农业基础科学等领域，占整个研究的 95.51%，其他学科情况（前 20 名）见图 3-6。

二、林业地位、作用与发展理念研究

1. 林业地位与作用研究

学者们普遍认为林业是社会发展过程中的基础性产业，同时也是保护生态环境的重要产业，林业的发展对整个国家的经济增长作用越来越大（刘伟平等，2008；孟凡丽，2018；王冬梅，2018；赵衍宇，2018）。其中，代表性观点有：①认为生态环境和经济社会的协调发展是实现区域可

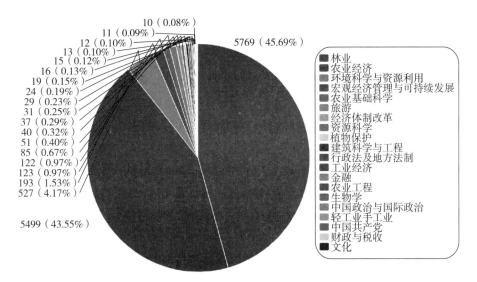

图3-6 以"林业生态发展"为主题的全部搜索结果的学科分布情况

资料来源：根据中国知网总库搜索结果绘制。

持续发展的必由之路（李智、张小林，2017）。②认为社会的发展与进步离不开林业发展的支持，经济发展外在条件的自然环境，很快被内化为经济增长要素（任建兰等，2018）。③认为林业与贫困有着紧密的联系，非木质林产品资源的有效利用是现阶段解决我国贫困问题的重要途径之一（耿利敏、沈文星，2014）。④认为生态经济是生态和经济并重、双赢的经济形式（封新林，2005）。倡导林业绿色发展和创新发展，有利于实现国家或地区的发展目标（李梦、赵庆建，2018）。

2. 林业发展理念研究

近年来，林业生态发展受到了国内外学者的高度关注。国外学者普遍认为生态理念在未来林业发展中起引领作用（Lindeman，1991；Herman E. Daly，1974），重点研究林业生态发展的内涵、定位、路径、模式等，以个案研究、田野调查等质性研究为主。国内学者也充分认识到生态理论在中国林业发展中的重要作用（田淑英等，2017；陈绍志等，2014；杭萍萍，2013），其中，代表性观点有：①认为以生态环境效益为目的的经营方式被重视，政策导向与实践均证明生态—经济协调发展理念可以使森林资源被多功能利用、多方面利益得到协调（刘伟平等，2008）。②认为应该发挥林业的多种功能，努力把林业优势转化为生态优势，把生态优势转化为经济社会全面发展的优势（陈际瓦，2010）。③普遍认为林业生态发展以生态发展理念为基础来发展林业是未来林业产业发展的必然趋势，具有历史和现实必然性（高艳霞，2018；刘德权、黄清，2007；杨加猛，2008；赵林美，2016），在发挥林业生态功能的前提下，调动林业的经济活力，实现林业的社会经济效益（田淑英等，2017）。

三、林业生态发展必要性研究

林业兼有生态建设保护的主体功能和绿色生产的经济功能，林业生态发展逐渐成为发展的共识（田淑英等，2017）。其中，代表性观点有：①林业是所有生态建设的主体，是我国经济发展过程中的重要内容（高艳霞，2018）。②认为林业投资是一项周期长、资金需求量大的投资项目，且未来收益具有不确定性，各种因素降低了对林业的投资意愿。林下经济、家庭农场等林业生态发展的多种模式初步地将农业、生态、经济有效结合起来（东琦，2017）。③认为加强林业生态建设、发展林业产业，是一项兴林富民的重要举措，是实现生态建设与扶贫脱贫的双赢之策（陈际瓦，2010）。④非木质林产品生产具有持续性、可再生性和环境友好性，在保护生态、消除贫困和产业发展领域具有巨大潜力（耿利敏、沈文星，2014）。

四、林业生态发展内在机理研究

林业生态发展核心是发展林业生态经济，林业生态经济的核心思想是转化，即林业资源作为生产要素的形式转化为林业经济收益（田淑英等，2017）。其中，代表性观点有：①认为源于物质有限性、熵增定律和林德曼定律等条件的制约（Lindeman，1991），生态与经济协调发展可行，需要有一个适度规模，在此规模范围内能够达到经济收益和生态成本的均衡，林业生态发展揭示了林业生态与林业经济发展之间的转化、平衡和可持续的动态依存关系（田淑英等，2017）。②认为林业生态发展产生的生态效益、经济效益、社会效益之间存在着一定的互动关系（延军平等，2006）。

五、复合系统相关研究

1. 复合系统必要性、协调研究

（1）必要性研究。

中国生态文明建设水平持续提高，环境与经济、社会之间的协调发展能力不断增强，系统思想具有重要意义。其中，代表性观点有：①农业作为一个复杂的系统，单从生态或经济方面进行研究显然不能对农业系统有科学的认知，不利于农业系统的可持续发展（田江，2017），将农业视作由农业生态和农业经济两个子系统构成的复杂巨系统，即农业生态—经济系统是破解农业系统难题的重要着力点（田江，2017）。②认为发达地区经济发展中，经济与生态环境多处于协调发展状态（江红莉、何建敏，2010；王凤山、冀春贤，2007）。③认为人类社会发展的进程离不开经济体系的建立和扩张，更与地球生态文明的建设有着密切联系，二者的发展相互作用和影响（高原，2009；李茜等，2015）。

（2）协调必要性研究。

学者们普遍认为只有林业生态与经济协调发展才能保证自身的良性循环发展，才能最终促进整个生态经济系统的持续稳定健康运行（陈飞，2016；盖凯程，2008）。其中，代表性观点有：①认为协调经济效益与生态效益之间的关系已成为我国林业发展现代的战略核心问题（刘德权、黄清，2007；谢进，1987）。②认为经济发展的物质能量需求和林业生态系统的物质能量供给间有着相互影响相互联系的关系，这一动态变化构成了林业生态经济系统的发展变化过程，以维护系统的动态平衡和持续生产力（肖默，2007；谢进，1987）。③生态经济协调发展是林业或经济社会可持续发展的必然选择（卢志滨，2016；张建国，2002）。

2. 协调的核心问题研究

生态环境与经济协调发展的核心问题是经济系统与生态环境系统的耦合与发展问题（盖凯程，2008）。其中，代表性观点有：①认为某一地区林业生态经济的可持续发展状态将影响该地区甚至周边地区生态环境、经济和社会发展的可持续性（王雄等，2007）。②生态环境与经济协调发展包括彼此关联的三个方面：经济系统的发展、生态系统的发展以及两者的协调发展（盖凯程，2008）。③学者们积极利用各种协调模型展开研究，主要以投入—产出模型、环境库茨涅茨曲线、生态足迹模型、能值分析理论、耦合度模型以及模糊隶属函数为主的定量研究模型（单海燕、杨君良，2017；孟庆松、韩文秀，2000）。

3. 协调路径研究

协调路径主要从协调思想、协调手段等方面提出。其中，协同思想的代表性观点：①协调2个或2个以上的系统通过相互促进，彼此影响，实现"1+1>2"的协同效应，达到共同发展的双赢效果（连素兰等，2016）。一个系统只有在结构上合理、功能发挥上有协同效应，才是良性循环系统，才可能实现永续发展（陈云芳，2012）。②对森林功能的认识逐渐从资源环境角度拓展到社会科学角度，需要考虑新的林业发展方式（陈云芳，2012）。

协调手段的代表性观点：①认为"生态利用"是一种保持自然生态平衡条件的合理利用（张建国，2002）。②在林业生态承载力范围内高效利用林业资源，探索生态发展、经济高效的林业生产模式，实现林业生态功能与林业经济功能短期与长期的平衡持续发展（田淑英等，2017）。③在林业中远期发展中，实践探索符合林业发展规律的资源—产业耦合发展机制（杨超等，2020）。④林业产业结构和林业经济协同发展能为林业的健康发展提供重要保障（李梦、赵庆建，2018；阙占文，2011）。⑤认为林业未来发展对策主要集中于优化经营目标、提高森林经营水平、创新林业生态实践模式、丰富生态产业和生态供给、参与式森林管理、生态补偿等多方参与机制、激励机制等（耿利敏、沈文星，2014；胡长清，2018；刘伟平等，2008；邹成成等，2017；阙占文，2011）。

4. 农业生态社会经济（复合）系统相关研究

农业经济具备生态学、生物学与经济学等多重属性，在经济发展与生态保护的双重选择中，面临着更多的制约与现实挑战（高静等，2020）。关于经济增长与生态协调发展的文献在农业领域研究较为丰富，为本书提供了较好的借鉴。其中，代表性观点有：①认为探讨新形势下实现农业经济与农业生态环境保护与改善协调发展具有现实意义（田江，2017；吴海中、胡刚，2019；阙占文，2011）。②现实中很难将两者分离，两者在微观上相互促进，在宏观上相互抑制，只是侧重点有所不同（阙占文，2011）。③寻求实现健康有序的农业生产和农业生态环境的构建方式，有利于发挥经济系统和生态系统的交互作用（吴海中、胡刚，2019）。

六、林业产业相关研究

学者们普遍认为林业产业有助于改善生态环境，是促进我国生态环境可持续发展的重要基础（高艳霞，2018；连素兰等，2016；田淑英等，2017）。其中，代表性观点有：①认为合理的林业产业结构不但有利于林业产业之间互相促进，而且有助于充分合理地利用自然资源和经济资源，从而保持生态平衡（钟艳等，2011）。②森林经营目标倡导多元化趋势（刘伟平等，2008），围绕多赢目标，构建涉林产业和非林产业的林业产业系统，资源优势形成产业吸引力（邹成成等，2017；高路，2016）。③认为营林产业模式、森林生态旅游模式、林下经济产业模式、城市林业等对生态经济的促进作用（肖默，2007；齐木村、于波涛，2015）。④大力发展绿色、环保、健康的生态循环经济产业链，是林业生态未来的发展趋势（姜宏敏，2015）。

第二节　林业效益相关研究

一、总体概况

利用中国知网（CNKI）总库以"林业效益"为主题进行搜索（时间截止到 2020 年 10 月 5 日），有关林业效益的文献数量总量相对有限，且处于波动发展状态。从图 3-7 可以看出，有关林业效益是一个较为长期性或持续性的话题，学者们有较长期的关注。但从研究来看，文献数量相对较少，对林业效益的关注相对有限。

1. 主要主题分布情况

利用中国知网（CNKI）总库以"林业效益"为主要主题进行搜索，从全部搜索结果的前 10 名的主要主题分布见图 3-8。依次为：经济效益（60）>生态效益（52）>林业生态效益（41）>综合效益（35）>效益分析（34）>三大效益（32）>效益评价（26）>林业重点工程（22）>林业产业（19）、林业生态经济（19），其他相关主题情况（前 40）见图 3-8。

图 3-7　有关林业效益研究的文献数量

资料来源：根据中国知网总库搜索结果绘制。

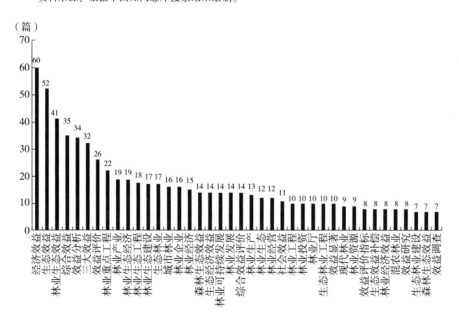

图 3-8　以"林业效益"为主要主题分布的文献数量

资料来源：根据中国知网总库搜索结果绘制。

近年来，林业效益特别是林业生态效益、经济效益多次被提及，对林业效益的关注逐渐增加。围绕不同主题开展了相关研究，主要集中在经济效益、生态效益和综合效益（三大效益）等方面。

全部搜索结果的共现矩阵分析情况见图3-9：综合来看，林业效益相关研究中，研究对象主要集中在林业企业、城市林业、生态林业、林业经营、林业生产等，评价内容主要集中在综合效益或是某一效益（经济效益或社会效益）。

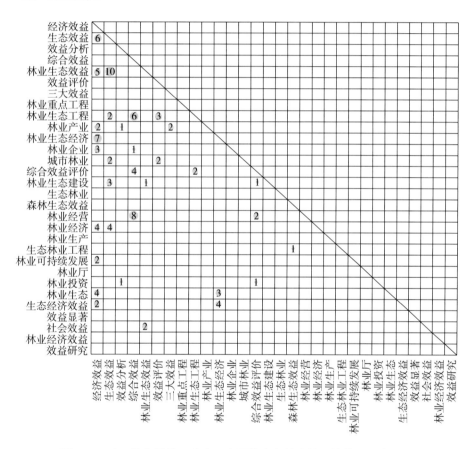

图3-9　以"林业效益"为主要主题的全部搜索结果的共现矩阵分析

资料来源：根据中国知网总库搜索结果绘制。

2. 次要主题分布情况

利用中国知网（CNKI）总库以"林业效益"为次要主题进行搜索，

从全部搜索结果的前 10 名的次要主题分布见图 3-10。依次为：生态效益（42）>社会效益（29）>森林资源（28）>林业资源（18）>用材林（17）>林产品（16）>林业生产（15）>林副产品（14）>经济效益（13）、林业生产（13），其他相关主题情况（前 40）见图 3-10。近年来，对林业效益更多的是关注森林资源（或林业资源）的保护，重在发挥其生态效益，同时，从提升经济效益（用材林、林产品、林副产品、林业生产、林业经营、木材生产等）中也可以看出，实现林业生态效益与经济效益共赢是人们关注的关键目标。

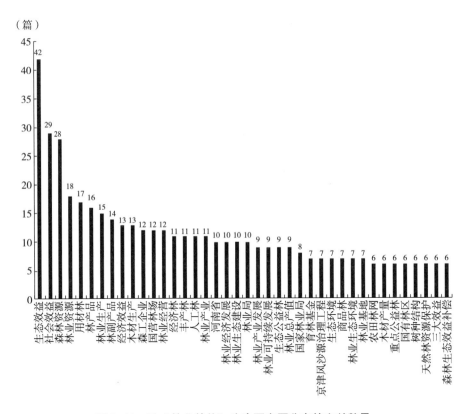

图 3-10　以"林业效益"为次要主题分布的文献数量

资料来源：根据中国知网总库搜索结果绘制。

全部搜索结果的共现矩阵分析情况见图 3-11：综合来看，进行林业收益的研究中，一是林业的综合效益评价已被人们共识，研究较多；二是生态效益与经济效益、社会效益的交叉研究居多；三是同时考虑多种效益、多种效益的协调问题已成为效益评价中的重点内容。

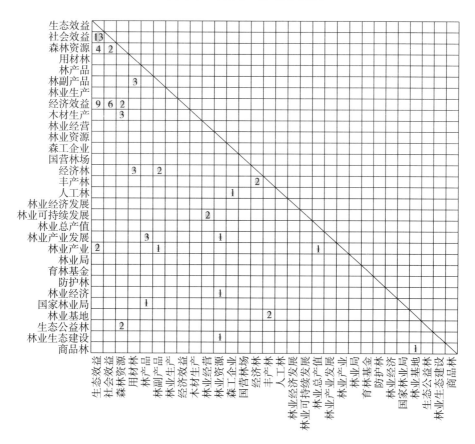

图 3-11　以"林业效益"为次要主题的全部搜索结果的共现矩阵分析

资料来源：根据中国知网总库搜索结果绘制。

3. 学科分布情况

从全部搜索结果来看，围绕林业效益开展研究的学科主要集中在林业、农业经济、环境科学与资源利用、植物保护、农业基础科学等领域，占整个研究的 92.59%，其他学科情况（前 20 名）见图 3-12。

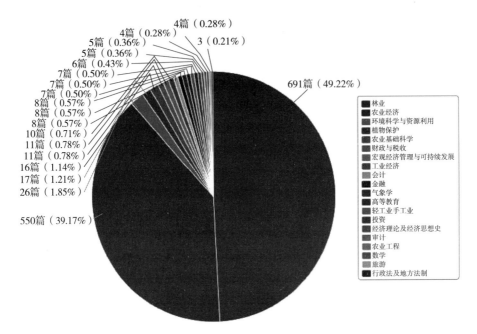

图 3-12 以"林业效益"为主题的全部搜索结果的学科分布情况

资料来源：根据中国知网总库搜索结果绘制。

二、综合效益认知相关研究

1981 年 11 月，第五届全国人大第四次会议后，党和政府的文件中开始使用"经济效益"一词[①]（陈大夫，1986）。随后，学者们陆续展开综合效益相关研究。其中，代表性观点有：①普遍认为开展林业综合效益评价有利于促进社会协调发展（刘梅娟等，2006；吕显洲等，2006；任洁，2006；叶强，2014；张立平，2014）。②在社会主义条件下，人们从事林

[①] 各行各业都根据本行业本部门的特点和生产实践，对本行业、本部门的经济效益问题做了系统的论述，并认为"经济效益"一词的提出，正确地指导了生产实践活动，促进了生产力的发展和经济效益的提高。

业生产活动总有一个预期的目标，即经济效益[①]（陈大夫，1984，1986）。③应用劳动价值论原理进行综合效益评价，但这并不意味着要将事实上非商品性的森林间接效益商品化，林业经营综合效益是一定时期、一定区域的产物（张建国等，1990）。④从我国的国情、林情看，保护森林、发展林业是一个长期国策。只有调动和激发营林者的生产积极性，优化林业生产诸要素的配置，只有真正对营林者实行社会、生态效益的合理补偿，才能最终促进林业建设稳定、持续地健康发展（张思让、贺公俭，1996）。

三、三大效益关系研究

蔡培印（1987）指出，在价值规律起作用的条件下，未将森林的巨大生态效益列入产值，致使森林所创造的生态价值长期被埋没，森林的价值只剩下林木和林副产品的价值，仅占森林总价值中很小一部分，为此，有必要将森林的生态效益纳入林业的产值。后有学者陆续对林业效益展开研究。其中，代表性观点有：①普遍认为生态效益在林业经营综合效益中处于基础地位（宁哲、孙恒，2000），是林业的核心效益。②三大效益既有联系又有区别，各种效益又可具体细分为不同子项目，形成一个复杂有序的效益系统（张建国等，1990）。③森林的多种功能属性是林业综合效益形成的基础，人类的劳动参与是林业综合效益的形成中介，社会需求程度是林业综合效益的形成条件，而林业系统的良性循环则是林业综合效益长期稳定发挥作用的根本保证（张建国、余建辉，1991）。④林业生态效益的货币化计量十分重要，林业生态效益只有经过货币化计量，才能使林业生态效益的模糊性明晰化，为社会所承认（宁哲、孙恒，2000）。⑤坚持林业生态效益、经济效益相统一和生态效益优先，是我国落实科学发展观和新时期林业发展的基本方针，是构建社会主义和谐社会的必要条件（刘德权、黄清，2007；马民庆，2011；谭桂发，2014）。林业生态效益和经济效益两者是相辅相成、相互影响、相互制约的关系（贾满永、张鑫，2019）。⑥林业经济发展是综合的发展过程，是三个产业梯次同时进步共

---

① 进一步解释了经济效益：一方面，经济效益以节约活化劳动消耗和物化劳动消耗为中心内容，反映它的自然属性，体现发展生产力的要求，这是一切社会所共有的范畴；另一方面，经济效益必须体现一定的社会本质，也就是生产目的，即不同社会制度对其特殊要求，反映它的社会属性。

同发展的过程，经济价值体现要注重生态效益的提高，生态效益同时也会产生巨大的经济价值（宋刚，2016）。

四、效益共赢相关研究

学者们达成了一个基本共识：生态效益在综合效益中处于基础地位。由传统林业向现代林业转变能有效提高林业的综合效益。其中，代表性观点有：①生态平衡是经济效益的宏观基础，是长远的经济效益。生态林业的本质特征就是生态与经济协调发展的林业，可以实现高效的生态与经济良性循环：获得最佳的经济、生态、社会三大效益有机统一，可以有效提高社会、经济效益（韩东娥，1992；刘小洪等，2003；汪建敏、陈煜初，1992）。②效益农（林）业是指在一定生态、环保、可持续发展等要求条件下，单位技术、资金、劳动力、土地等生产要素组合投入的比较经济效益产出最优化的现代农业（邵金等，2002）。发展效益林业必须与全球化和市场化的发展趋势相结合，发展效益林业必须与保护建设和利用生态相结合，实行分类经营，发挥森林经理事业在科学治林中的作用，是不断提高森林生态效益的保障（金旭明，2001；彭长发，2001；余建华、何照斌，2000）。③要将林业产业产生的效益看成是一个整体，通过林业生态效益的提升，促进林业经济效益的提升，进而带动整个林业产业的发展（邱知，2017；杨遵平，2020）。④以党的十八大精神为指导，坚持市场导向原则，加快特色经济林发展，抓好苗木花卉基地建设，提升林下经济效益，打造优势林产品加工集群，大力发展生态游及文化创意产业（陈洪滨，2016；王寿辰，2017）。

五、效益评价研究

余建辉和张建国（1992）提出林业经营综合效益的计量方法的一些看法：在计量尺度上，选择货币为统一尺度[①]；在计量模式上，选取成本——

---

① 余建辉和张建国（1992）在论文中指出：这里的货币仅仅是一种计量尺度，计量结果的货币值反映的是林业经营综合效益的大小（以货币值表示），而不是反映林业经济效益（林业经营综合效益的一部分）的综合评价量。

收益系统综合评价模式；构建一套相互联系、相互补充的指标体系；使生态效益货币化成为计量中最关键而最有争议的问题。1994 年，森林效益与福建省林业基地建设课题组署名连续发布《林业经营综合效益评价研究》论文，提出一系列林业经营综合效益计量理论的基本思路，并提出一系列评价指标（森林效益与福建省林业基地建设课题组，1994a，1994b；张建国，1994，1998）。随后，学者们陆续开展了林业效益评价，评价内容逐渐丰富。其中，代表性观点有：①现代科学对森林生态效益的认定，使将林业生态效益的计量纳入林业经营效益评价体系成为可能（宁哲、孙恒，2000）。②对生态林业建设应实行统一规划，合理布局、因地制宜、突出重点、分级管理、逐步实施；按照"谁受益谁补偿，社会收益政府补偿"原则，逐步建立和完善以"政府为主，部门配合，全民参与"的森林生态效益补偿机制（刘小洪等，2003）。③林业综合效益不仅包含林业的直接经济利益，还包含林业的间接利益，体现了人的关键性，所以这方面和以往的林业经济利益或者整体利益存在差异，同时，树立起现代效益观是林业发展的必要前提（叶强，2014）。

第三节　外溢效应相关研究

当前，国内外学者对外溢的研究主要集中于外溢型经济的研究成果，主要集中在 FDI 外溢、人力资本外溢、知识外溢等相关领域（李明伟，2018）。此外，诸如产业外溢效应、金融外溢效应、出口外溢效应、技术外溢效应等均得到不同程度的研究（李明伟，2018），为本书研究的开展拓宽了视野。

其中，涉及森林外溢效应的研究有：①城市森林产业具有较强的外部性和溢出机制，具有旺盛的生命力和广泛的发展前途，其经济外溢效应显著，社会效益突出（李翙铭，2018）。森林城市能够科学合理地实现降尘、减少噪声、消除温差和大气污染等诸多功能，城市森林也是一种产业，也具有经济补偿、资金融通和社会补偿等功能，产生了巨大的社会外溢经济效益，起到了"助推器"与"稳定器"的重要作用（李翙铭，2018）。②森林碳汇对经济增长具有显著的正向溢出效应，森林碳汇规模的增加能提高经济运行效率（储蓉、付春风，2013）。③我国森林碳汇存在显著的近邻空间溢出效应（薛龙飞等，2017）。④认为流域生态系统服务存在空间溢出效应。渭干河流域上游向下游的生态系统服务流转强度与距离成反比，溢出价值先下降后波动上升（乔旭宁等，2017）。

其中，给予本书重要启示的其他外溢相关研究有：① Vivek 和 Athanasios（2011）通过 VAR 模型证明了中国经济增长的外溢效应在短期与长期内均不断增加。②Wang 和 Chen（2016）针对 2000~2012 年包含中国在内的 26 个新兴经济体的面板数据开展了中国经济增长外溢效应的研究，认为中国与新兴经济体之间同时存在正向外溢效应与负向的竞争效应。③研究中国经济增长的外溢效应，认为加大与"一带一路"沿线国家合作力度，推动共建"一带一路"，有利于刺激我国对外贸易网络的布局扩大与结构改善，更大限度地发挥中国经济增长的正向外部性，将中国经济增长红利惠及更多国家（王潇潇、陈淑梅，2019）。④在外溢效应的认知方面，认为由公共物品本身所具有的非竞争性和非排他性引起的财政支出在地区之间外溢效应的存在决定了这种竞争并不是封闭的。从某种程度上讲，如何充分利用外溢效应，成为政府制定财政政策、调整和优化财政支出结构更为重要的考量（王宝顺、刘冰熙，2014）。⑤产业政策的制定与实施要以实现多元产业集聚、发挥产业间的正向溢出作用为重点（陈怀锦、周孝，2019）。

第四节　生态补偿相关研究

20 世纪 90 年代以来，随着可持续发展理念的深入，人们越来越深刻地认识到生态环境对人类发展的重要作用，保护和建设生态环境，促进人与自然的和谐成为世界各国共同的选择，生态补偿研究逐渐成为热点（靳乐山、甄鸣涛，2008；郑海霞、张陆彪，2006；李琪等，2016）。国际生态补偿范围非常广泛，包括流域、森林、耕地、矿产、生物多样性保护等不同领域的生态补偿。

用中国知网（CNKI）总库以"生态补偿"为主题进行（时间截止到 2020 年 10 月 5 日），有关生态补偿的文献数量逐年增多，且增速较快（见

图 3-13）。从 1978 年改革开放以来，中国的生态补偿经历了几个阶段：作为环境保护附属政策的初设阶段、从环境保护政策中分离出来的形成阶段，以及由分项政策和综合政策组合的完善阶段（李国平、刘生胜，2018）。

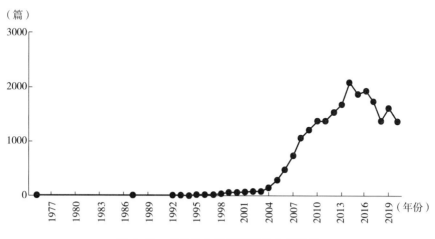

图 3-13　有关生态补偿研究的文献数量

资料来源：根据中国知网总库搜索结果绘制。

一、总体概况

1. 主要主题分布情况

用中国知网（CNKI）总库以"生态补偿"为主要主题进行搜索，从全部搜索结果的前 10 名的主要主题分布见图 3-14。依次为：生态补偿（4700）>生态补偿机制（1928）>流域生态补偿（518）>生态文明建设（506）>生态文明（470）>生态补偿标准（352）>生态环境（342）>森林生态效益补偿（299）>补偿机制（290）>生态补偿制度（261），其他相关主题情况（前 40）见图 3-14。近年来，我国的生态补偿工作取得了很大进展，生态补偿的领域和地域范围不断拓展，生态补偿的认知度和关注度也在不断提升（荣冬梅，2020）。

全部搜索结果的共现矩阵分析情况见图 3-15：前 5 名的主题是：生态补偿、生态补偿机制、流域生态补偿、生态文明建设、生态文明。其中，与生态补偿相关性较大的主题有：生态文明（20 篇）、补偿机制（60 篇）、

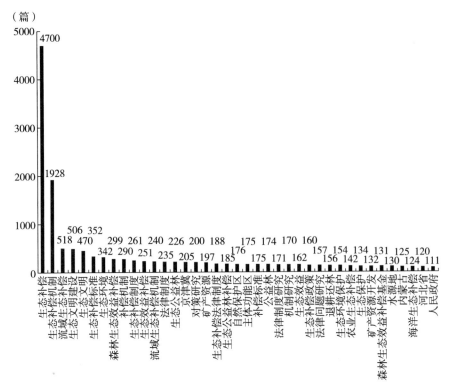

图3-14 以"生态补偿"为主要主题分布的文献数量

资料来源：根据中国知网总库搜索结果绘制。

流域生态补偿机制（92篇）、矿产资源（96篇）、京津冀（42篇）、法律制度研究（46篇）、自然保护区（50篇）、补偿标准（51篇）、机制研究（27篇）、主体功能区（36篇）、法律问题研究（25篇）、公益林（31篇）、生态补偿政策（86篇）、农业生态补偿（31篇）；与生态补偿机制相关的主题有：流域生态补偿（13篇）、补偿机制（55篇）、流域生态补偿机制（42篇）、自然保护区（27篇）、主体功能区（12篇）；与流域生态补偿相关的主题为流域生态补偿机制（51篇）。其他主题共现矩阵见图3-15。综合来看，文献中，在生态文明（或生态文明建设）背景下，生态补偿（或生态效益补偿）机制、法律制度（或法律问题）备受关注，比较传统的森林生态效益补偿也有一定的研究。与此同时，流域生态补偿、主体功能区+生态补偿等也展开了一定的研究，生态补偿相关研究日益丰富，研究内容也更加具体、更具操作性。

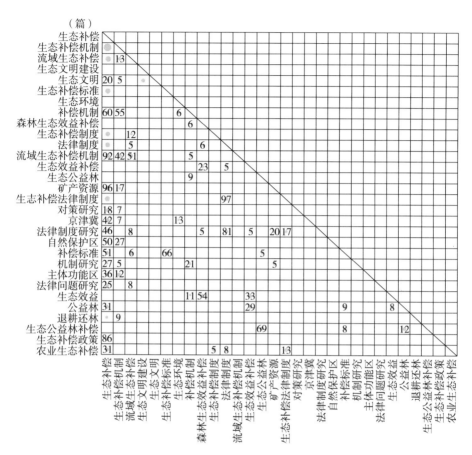

图 3-15 以"生态补偿"为主要主题的全部搜索结果的共现矩阵分析

资料来源：根据中国知网总库搜索结果绘制。

2. 次要主题分布情况

利用中国知网（CNKI）总库以"生态补偿"为次要主题进行搜索，从全部搜索结果的前 10 名的主要主题分布见图 3-16。依次为：生态补偿机制（2012）>生态补偿（1927）>生态补偿标准（583）>生态文明建设（533）>生态环境保护（479）>生态补偿制度（435）>生态环境（433）>森林生态效益补偿基金（399）>生态效益补偿（363）>生态补偿政策（321），其他相关主题情况（前 40）见图 3-16。近年来，在制度设计、补偿实践、生态文明建设、生态环境保护等研究方面，生态补偿都受到一定程度的关注，交叉研究较多。

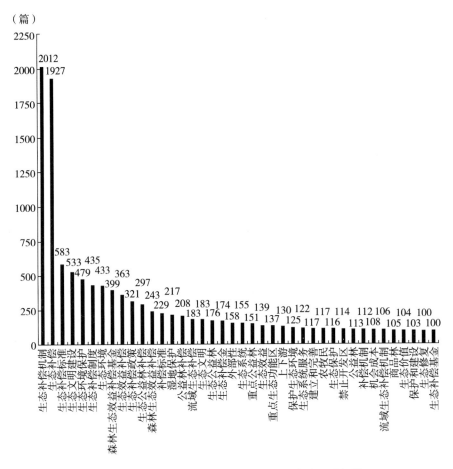

图3-16 以"生态补偿"为次要主题分布的文献数量

资料来源：根据中国知网总库搜索结果绘制。

全部搜索结果的共现矩阵分析情况见图3-17：前5名的主题是：生态补偿、生态补偿机制、生态补偿标准、生态文明建设、生态环境保护。其中，与生态补偿相关性较大的主题有：生态补偿标准（17篇）、生态文明建设（32篇）、生态补偿制度（10篇）、生态环境（13篇）、湿地保护（13篇）、重点生态功能区（15篇）、生态系统服务（12篇）、生态文明（11篇）和生态系统（11篇）；与生态补偿机制相关的主题有：生态文明建设（98篇）、生态环境保护（56篇）、生态补偿制度（19篇）、生态环境（32篇）、重点生态功能区（21篇）、保护生态环境（18篇）。其他主题共现矩阵见图3-17。文献中，在生态文明建设背景下，围绕生态环境保护、生态功能区、生态效益补偿等内容开展了一系列相关研究，学者们对生态补偿研究达成了如下共识：生态补偿不仅是提高生态效益的手段，更是生态文明建设（或生态环境保护）中的重要制度组成。在具体研究上，相关研究内容也更具操作性和应用性。

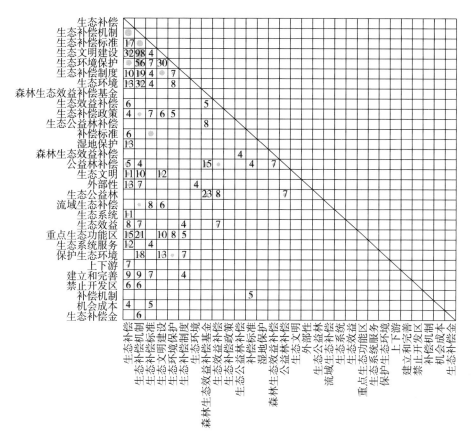

图3-17 以"生态补偿"为次要主题的全部搜索结果的共现矩阵分析

资料来源：根据中国知网总库搜索结果绘制。

3. 学科分布情况

从全部搜索结果来看（见图3-18），围绕生态补偿开展研究的学科主要集中在环境科学与资源利用、农业经济、林业、行政法和地方法制、宏观经济管理与可持续发展、经济体制改革、农业基础科学、水利水电工程、财政与税收、工业经济、资源科学、经济理论及经济思想史、中国政治与国际政治、建筑科学与工程、矿业工程、旅游、行政学及国家行政管理、畜牧与动物医学、农艺学等领域，涉猎学科较为广泛，重点集中于环境科学与资源利用、农业经济、林业、行政法和地方法制、宏观经济管理与可持续发展、经济体制改革领域，占整个研究的 73.91%。

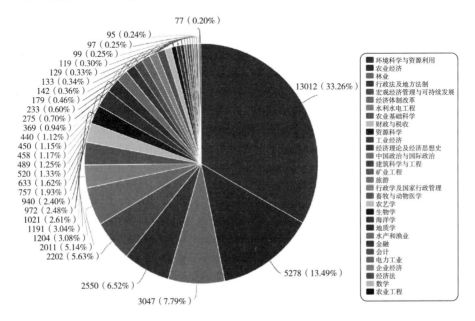

图 3-18 以"生态补偿"为主题的全部搜索结果的学科分布情况

资料来源：根据中国知网总库搜索结果绘制。

二、生态补偿的认知、作用相关研究

1. 生态补偿的认知

在核心概念中，已经对生态补偿的含义进行了较为详细的阐述，这里的生态补偿认知主要是指学者或政策等方面对"生态补偿是什么"的基本判断。其中，代表性观点有：①生态补偿是通过一定的政策手段实行生态保护外部性的内部化，通过制度设计解决好生态产品消费中的"搭便车"问题，以及通过制度创新解决好生态投资者合理回报的一种制度（李永启等，2006）。生态补偿可以使相关各方利益均衡，以保证森林生态效益的稳定发挥（李琪等，2016）。②生态补偿机制是一种新型的资源环境管理模式（孔凡斌，2007）。③从消费补偿理论出发，将生态补偿机制定义为自然资源有偿使用制度（曹明德，2010）。④应该从生态安全和生态公平角度解读生态补偿机制（陈少英，2010）。⑤生态补偿是新时代中国特色社会主义自然保护理论和林业生态建设的组成部分，是对生产生态产品的生态机器建造、维护费用和损益的一种经济补助，具有区域性和长期性的特点（王前进等，2019）。

2. 生态补偿的作用

在研究背景中和生态补偿的含义中已经对生态补偿的作用进行了部分阐述，在此，重点阐述生态补偿作用的认知变化。其中，代表性观点有：①利用生态补偿机制，可以逐步修正补偿主客体之间发展不平衡问题（李永启等，2006）。②建立和完善生态补偿机制是我国落实科学发展观、实现人与自然和谐的重要战略选择（孔凡斌，2007）。③党的十九大报告提出，为加快生态文明建设，生态补偿机制应体现市场化、多元化（赵晶晶等，2019）。④生态补偿是以保护和持续利用生态系统为目的，以经济手段为主调节利益相关者之间的关系，是生态产品价值实现的重要方式（范振林等，2020）。

三、流域生态补偿相关研究

流域是自然地理和经济发展的复合性区域，兼有重要的资源功能、生态功能和经济功能（黎元生，2019）。流域生态补偿是指流域受益主体对生态保护主体进行补偿，是一种对流域生态环境进行保护和建设的经济手段（包晓斌，2017）。流域在组成上具有综合性的特点，在特定的地域空间范围内整合了众多生物种群、群落、生态系统等对象，以河流为纽带，以水资源为核心，组成了一个复合生态系统；同时流域作为开放的生态系统，同人类的生产、生活活动紧密地联系在一起（靳乐山、甄鸣涛，2008）。流域生态补偿是生态补偿的一个重要领域。

1. 流域生态补偿地位、作用研究

众多学者认为将流域看作一个生态命运共同体的地理空间，引导全社会协同参与流域生态保护，这是我国深化生态环境领域供给侧结构性改革，提高流域治理能力和治理体系现代化的必然选择（黎元生，2019）。

其中，代表性观点有：①流域生态补偿机制的建立因流域尺度而异，责任主体因流域尺度不同会有差异，确定流域尺度，理顺各责任主体的关系成为建立流域生态补偿机制的关键（乔旭宁等，2012）。②保护生态环境，提升生态效益，跨区域生态补偿作为生态环境治理的有效手段，被逐渐关注（温薇、田国双，2017）。③流域生态补偿是协调不同功能区利益关系的重要手段（张化楠等，2017），可以平衡上下游经济发展与环境保护，对加强生态文明建设、实现绿色发展发挥着重要作用（赵晶晶等，2019）。④新时代深化我国流域生态补偿机制改革，要遵循生命共同体理念，推动实现补偿主体多元化、补偿方式系统化、补偿空间全域化和补偿依据法治化（黎元生，2019）。

2. 流域生态补偿存在的问题研究

中国生态服务补偿在需求的推动下迅速发展，尤其在受益者和提供者易于界定的中小流域展开了较为深入的研究（郑海霞、张陆彪，2006；乔旭宁等，2012）。在实践探索中，流域生态补偿尚存在一系列问题。其中，代表性观点有：①流域主体功能规划所带来的区际发展不平衡是由于促进主体功能区协调发展的生态补偿问题没有得到有效的解决（王倩，2011）。②认为长江上游地区的生态补偿机制缺乏科学性和合理性，补偿主体、投融资机制较为单一，需要建立长江上游地区的多元化投融资、监督、评价以及激励机制（余维祥，2014）。③政府补偿模式存在补偿主体单一、责权利不明晰、流域生态服务成本和利益分配不公平等问题，导致流域生态补偿的实施缺乏长期稳定性；生态补偿融资渠道单一，补偿手段匮乏，补偿实施范围有限（包晓斌，2017）。

3. 流域生态补偿机制研究

流域生态补偿机制是针对流域水环境跨界污染、采用公共财政或市场化手段来调节生态关系密切但不具有行政隶属关系的区域间利益关系的制度安排（姬鹏程，2018）。我国的流域生态补偿机制建设起步较晚，理论研究不足，近年来，流域生态补偿机制相关研究逐渐增加。其中，代表性观点有：①流域生态补偿应该遵循责任对等、公平、市场与政府相结合、扶贫与补偿相结合的四原则（包晓斌，2017）。②从补偿依据、补偿标准和补偿方式三个方面对主体功能区视角下流域生态补偿机制进行探讨，提出以生态保护总成本法确定生态补偿标准，通过地方政府间横向跨区域协商管理机制和财政转移支付机制，实行下游优化和重点开发区对上游限制和禁止开发区的财政转移支付（姬鹏程，2018）。③主要从三个层次建立流域生态补偿机制，即跨省流域生态补偿问题、省域内跨市流域生态补偿问题和市域内跨县流域生态补偿问题（乔旭宁等，2012）。④流域生态补偿中，要明确政府与市场的角色定位，合理界定政府与市场的作用，关系演进以及实践探索过程均呈现出不断协同的趋势（赵晶晶等，2019）。

四、林业生态补偿相关研究

国内外学者对林业生态补偿研究取得了一定进展，未来研究应朝向市场化和多元化的方向发展，从而推动林业生态补偿理论和实践的良性互动（彭秀丽等，2019）。

1. 林业生态补偿地位、作用研究

学者普遍认为不能仅停留在林业生态效益观念，还必须着力解决和推广林业生态效益的货币化计量及其实现等关键问题，实施森林生态效益补偿制度是实现林业生态效益的可行办法（宁哲、孙恒，2000），是保护生态环境的有效激励机制（李文华等，2006），可以调整生态环境利用、保护和建设过程中利益相关方的关系（李琪等，2016）。其中，代表性观点有：①森林经营事业，除了直接生产林产品（木材和其他林产品）部分外，绝大部分资源都是为全民服务的，林业经营的资源是公共商品，理应在享受森林的公共效益时，交付一部分费用（张建国，1998）。②实行林业分类经营，林业分类经营的核心问题是解决生态林或主要以追求生态效益为主的森林经营问题，而生态林（即公益林）的建设必须有森林生态效益补偿制度做保证（刘青柏、刘明国，2005），重点探索生态补偿在公益林领域的补偿模式（刘小洪，2003）。森林生态效益补偿制度则是实施林业分类经营的前提和保障（刘青柏、刘明国，2005）。③生态公益林是大型公共产品，完全可以由市场主体投资营造和管护，政府购买其生态效用，同时一并购买商品林的生态效用，可对林业资源配置产生乘数效应（刘德权、黄清，2007）。④构建森林生态补偿制度是建设生态文明的重要内容，是生态补偿制度体系的重要组成部分（梁增然，2015）。⑤生态补偿是用政策手段激励生态环境的保护者，本质上是一种政策方案，是对生态环境保护者发展机会受限的补偿，通常需要政府在协商基础上的统一行动（靳乐山、朱凯宁，2020）。

2. 林业生态补偿存在的问题研究

林业生态补偿存在着一系列问题。其中，代表性观点有：①以大邑县为例，认为现阶段的林业生态补偿不足不能保障林农权益，补偿标准"一刀切"不公平，缺乏配套政策支撑影响林农收益，部分地区权属不清损害林农权益（王智鹏，2010）。②我国林业生态补偿尚存在环境保护和生态补偿的认识不足、补偿来源渠道单一、生态补偿机制的基础研究薄弱等问题（吕超，2014）。③当前林业经济发展中生态补偿存在的主要问题包括补偿主体不明确、补偿标准设定不合理、补偿资金来源单一等问题（苏红云，2018）。④退耕还林工程是典型的国家财政支付的生态补偿政策，覆盖范围广、规模巨大。市场手段的生态补偿是需要生态服务购买双方自愿参与的，然而，退耕还林工程中农户属自愿参与，分布比较分散，同时生态服务消费者的分布区域更为广泛，且存在一定程度的"搭便车"问题，这导致诸多消费者并未参与生态补偿的支付（张坤、唐肖彬，2019）。

3. 林业生态补偿机制研究

林业生态补偿机制是在林业生态破坏赔偿和生态保护补偿制度建立下的林业生态环境受损的补偿制度，在林业开发利用过程中实现生态环境的保护和有偿使用（彭秀丽等，2019）。其中，代表性观点有：①清水江流域地方政府为了林农的生计，发展当地的经济，一直进行"生态补偿"的探索，在育苗补偿、幼林抚育补偿、造林育林补偿、营林投资与补偿等方面有一定的制度与实践探索（徐晓光，2015）。②探索市场化、多元化的林业生态补偿机制。退耕还林政策属于国家财政支付的大型生态补偿政策，虽然全区域采用市场化手段、筹集巨额补偿资金难度较大，但在小范围、可清晰界定生态服务产品及其服务对象的地区，形成受益者付费、保护者得到合理补偿的政策是可行的（张坤、唐肖彬，2019）。③在林业生态补偿中提出提升林业经济自我补偿能力、扩充补偿资金来源、促进林业生态补偿工作落实等对策（苏红云，2018）。④可预先了解相应区域社会或群体对生态服务功能的实际需求，有针对地设计林业生态建设项目，探索受益者付费、公益组织资助等多元化生态补偿机制（张坤、唐肖彬，2019）。⑤需要充分发挥价值规律、供求关系、竞争机制在林业生态资源补偿中的作用（刘俊，2020）。

五、其他生态补偿机制研究

在其他领域也开展了一系列生态补偿机制研究，国际上对跨区域生态补偿的研究起步较早，早在 20 世纪 70 年代就陆续侧重对跨流域生态补偿制度的研究，到 80 年代更加注重跨区域生态补偿的协调关系研究。我国的跨区域生态补偿机制研究和实践始于 90 年代后期，起初生态补偿只作为生态环境赔偿的代名词，研究甚少，到了 21 世纪初期开始注重对跨区域生态补偿机制、生态效益的研究（王让会等，2010）。其中，给予本书研究重要启示的生态补偿机制研究有：①流域农业补偿是多元化的补偿，补偿的核心是水资源外部成本的内部化，即流域农业水资源的受益方要支付相应成本，受损方应得到合理的补偿（傅晓华、赵运林，2013）。②考虑地区差异，建立区际生态补偿机制（吴晓青等，2003）。

第五节　研究评述

前人的研究成果为本书研究的开展提供了丰富的理论基础。从研究内容看，林业生态发展研究方面，多是围绕林业生态发展的必要性、内在机理、复合系统、林业产业等开展研究，以定性研究为主；林业综合效益研究方面，多是以综合效益的认知、讨论各类效益的关系、效益评价、实现效益共赢的机理或对策等开展研究，以定性研究为主，定量研究主要集中在某一具体工程项目或是某一区域的具体实践数据，相对系统地考虑林业综合效益的构成及分析的研究比较有限；外溢效应研究主要集中在 FDI 外溢、人力资本外溢、知识外溢等相关领域，对涉林外溢效应的研究主要集中于森林外溢效应研究，总量甚少，在研究方面尚有较大不足；生态补偿相关研究方面，国内外学者对生态补偿的利益相关者、补偿机制设计等问题还存在不同的认识和理解，多是基于国内外学者、公益组织或是区域试点的经验总结，存在政策边界模糊、补偿标准或补偿方式不具体等问题。对流域生态补偿、林业生态补偿有一定研究，但对流域林业生态补偿研究尚有较大不足。尤其是就补偿本身多围绕生态效益进行，而未将外溢效应纳入补偿范围考虑，进而造成设计补偿机制明显不全面。从研究区域看，已有研究多是集中在某一具体研究区域（多为省际或是更小区域）开展研究，以长江上游地区为研究区域的相关研究相对有限。

由此可见，过去的研究没有直接讨论林业生态发展外溢效应与补偿机制问题。从文献来看，关于两者结合的研究也极为匮乏。但是，无论从国家发展战略需要，还是从林业发展实践来看，均需构建两者之间的有效联结。在长江上游地区林业生态发展中，结合生态效益、经济效益、社会效益的互动关系与转换构成综合考量，基于综合效益，结合考虑外溢效应，构建起长江上游地区促进林业生态发展的生态补偿机制，具有较强创新性。

第六节　本章小结

从国内外相关文献来看，结合本书研究内容，选择林业生态发展、林业效益、外溢效应、生态补偿四个方面来展开文献综述，前人学者已取得丰硕的成果，给本书研究的开展提供了很好的借鉴。

但仍存在以下不足：从研究内容看，林业综合效益研究方面，相对系统的考虑林业综合效益的构成及分析的研究比较有限。

第四章

我国生态补偿制度的历史
沿革与发展现状

第一节　我国生态补偿制度的历史沿革

我国的生态补偿措施起始于 20 世纪 80 年代初，20 世纪 90 年代中后期的快速发展阶段，此后，中央政府文件中多次提到林业生态效益补偿制度。2005 年，党的十六届五中全会首次提出"按照谁开发谁保护、谁受益谁补偿的原则，加快建立生态补偿机制"，我国生态补偿机制经历了十几年的发展。

1984 年，在修改《中华人民共和国森林法》时，林业部在商财政部同意后决定在草案中增加森林生态补偿基金的规定。这个草案获得全国人民代表大会常务委员会通过。

1992 年国务院批转国家体改委《关于一九九二年经济体制改革要点的通知》（国发〔1992〕12 号），明确提出"要建立林价制度和森林生态效益补偿制度，实行森林资源有偿使用"。

1998 年修订的《森林法》第八条第二款明确规定："国家设立森林生态效益补偿基金，用于提供生态效益的防护林和特种用途林的森林资源、林木的营造、抚育、保护和管理。森林生态效益补偿基金必须专款专用，不得挪作他用。"首次规定了"森林生态效益补偿基金"的设立、用途、管理。

2000 年，国务院颁布《中华人民共和国森林法实施条例》第十五条进一步指出："防护林和特种用途林的经营者，有获得森林生态效益补偿的权利。"但是这一部法律和一部条例对森林生态效益补偿的规定过于原则性、概括性，并没有规定补偿的方式、标准和实施细则等内容，缺乏可操作性（胡书兴，2019）。

2004 年，《中央财政森林生态效益补偿基金管理办法》出台，将"森林生态效益补偿资金"上升为"中央森林生态效益补偿基金"。这也是目前为止我国唯一一部专门规范森林生态补偿制度的规范性文件，并在全国范围内推行实施，至此我国森林生态补偿基金制度得以初步建立，林业生态补偿机制初步形成（胡书兴，2019；阙占文，2011）。

中央森林生态效益补偿基金的建立，标志着我国森林生态效益补偿基金制度的确立。一系列大规模生态建设工程，包括防护林体系建设、水土流失治理、荒漠化防治、退耕还林还草、天然林保护、退牧还草、"三江源"生态保护等生态补偿工程在国家和地方层面实施（李国平、刘生胜，2018）。

2005 年，党的十六届五中全会《中共中央关于制定国民经济和社会发展第十一个五年规划的建议》首次提出，按照"谁开发谁保护、谁受益谁补偿"的原则，加快建立生态补偿机制。国家发展和改革委员会根据"十一五"规划纲要要求组织编制《全国主体功能区规划》，指导地方编制省级功能区规划，为建立生态补偿机制提供空间布局框架和制度基础（李国平、刘生胜，2018）。

2007 年，财政部、国家林业局联合出台了新修订的《中央财政森林生态效益补偿基金管理办法》（财农〔2007〕7 号）。该办法第一章总则第一条对森林生态补偿的依据和来源加以规定：为保护公益林资源，维护生态安全，根据《中华人民共和国森林法》和中共中央、国务院《关于加快林业发展的决定》（中发〔2003〕9 号），各级政府按照事权划分建立森林生态效益补偿基金，中央财政安排专项资金建立中央财政森林生态效益补偿基金。在中央政府出台林业生态补偿立法后，一些地方政府也开始实施林业生态补偿制度（阙占文，2011）。

2010 年，国务院决定将研究制定生态补偿条例列入立法计划，国家发展和改革委员会与有关部门起草了《关于建立健全生态补偿机制的若干意见》征求意见稿和《生态补偿条例》草稿，提出中央森林生态效益补偿基金制度、重点生态功能区转移支付制度、矿山环境治理和生态恢复责任制度，初步形成了生态补偿法规的大体框架（李国平、刘生胜，2018）。2010 年，为适应中国生态补偿空间布局的需要，全国主体功能区规划颁布。作为配套政策的国家重点生态功能区转移支付制度，旨在对国家重点生态功能区转移支付的依据、范围、标准和考核机制等进行规定（李国平、刘生胜，2018）。

2012 年，党的十八大报告把生态补偿界定为使生态保护效益外部性内部化的公共制度安排：在综合考虑生态保护成本、发展机会成本和生态服务价值的基础上，采取财政转移支付或市场交易等方式，对生态保护者给予合理补偿（李国平、刘生胜，2018）。

2014 年，《中华人民共和国环境保护法（修订）》第三章第三十一条规定，国家建立、健全生态保护补偿制度。《中央财政林业补助资金管理办法》的重点内容是用于森林生态效益补偿、林业补贴、森林公安、国有林场改革等方面的补助资金（李国平、刘生胜，2018）。

2016 年，国务院办公厅发布《关于健全生态保护补偿机制的意见》（国办发〔2016〕31 号），指出：流域生态市场化补偿依据"谁受益谁补偿"的原则，充分发挥了市场机制在促进生态保护建设中的积极作用，健全了生态保护市场体系，完善了生态产品价格形成机制，确保了生态保护者的利益（李国平、刘生胜，2018；赵晶晶等，2019）。确立了我国"分类补偿与综合补偿相结合"的生态补偿政策框架之后，各地陆续发布了对应以上国务院文件的实施意见，国家相关部委也相继发布了某个领域或者某个区域的生态补偿指导意见（靳乐山、朱凯宁，2020）。2016 年 12 月，财政部、环境保护部、国家发展和改革委员会、水利部联合发布《关于加快建立流域上下游横向生态保护补偿机制的指导意见》，加快建立流域上下游横向生态保护补偿机制（靳乐山、朱凯宁，2020）。

2017 年，党的十九大报告指出，完成生态保护红线、建立市场化、多元化生态补偿机制。

2018 年，财政部《关于建立健全长江经济带生态补偿与保护长效机制的指导意见》指出：通过统筹一般性转移支付和相关专项转移支付资金，建立激励引导机制，鼓励相关省（市）建立省内流域上下游之间、不同主体功能区之间的生态补偿机制，在有条件的地区推动开展省（市）际间流域上下游生态补偿试点，建立相邻省份及省内长江流域生态补偿与保护的长效机制（李国平、刘生胜，2018）。2018 年 3 月，全国政协委员丁贵杰认为要进一步完善生态补偿机制、提高补偿标准，促进生态补偿可持续发展，并表明完善林业生态补偿制度体系是推动林业生态文明建设的重要举措（彭秀丽等，2019）。2018 年 12 月，国家发展和改革委员会等九部门联合印发《建立市场化、多元化生态保护补偿机制行动计划》，积极推进市场化、多元化生态保护补偿机制建设（靳乐山、朱凯宁，2020）。

2019 年全国"两会"上，生态补偿受到高度关注，国家先后出台了促进生态补偿的政策（彭秀丽等，2019）。2019 年 11 月，国家发展和改革委员会制定《生态综合补偿试点方案》，开展生态综合补偿试点。

2020 年 4 月，财政部、生态环境部、水利部、国家林业和草原局联合发布《支持引导黄河全流域建立横向生态补偿机制试点实施方案》，推动建立黄河流域生态补偿机制（靳乐山、朱凯宁，2020）。

2020 年 7 月 1 日起施行的《中华人民共和国森林法》明确要求："中央和地方财政分别安排资金，用于公益林的营造、抚育、保护、管理和非国有公益林权利人的经济补偿等，实行专款专用。"

第二节　我国生态补偿发展现状的阐述

随着社会主义市场经济的逐步建立与不断发展，我国有不少省（自治区、直辖市）对生态环境建设高度重视，并相继出台了一系列生态效益补偿的政策和规定。从我国现行与生态补偿相关的各项政策来看，我国的生态补偿政策大致经历了两个比较明显的阶段：一是主要是一些部门性的政策或在一些部门性的政策中零星、分散地纳入生态补偿的概念；二是迅速发展时期，制定政策比较密集且具有针对性，同时加强实践探索。这些生态补偿相关政策在保护生态环境、调节生态保护相关方经济利益的关系上发挥了积极作用（孔凡斌，2007），对于完善我国生态补偿法机制具有重要参考价值。我国生态补偿涉及的领域包括森林生态补偿、自然保护区生态补偿、重点生态功能区生态补偿、矿产资源开发生态补偿、流域水环境保护生态补偿。林业生态补偿和流域生态补偿跟本书研究关系比较密切，在此对林业生态补偿和流域生态补偿现状进行阐述。

一、林业生态补偿

我国的生态补偿探索始于 2001 年开展的森林生态效益补偿。林业生态补偿是在林业开发利用过程中实现生态环境的保护和有偿使用（彭秀丽等，2019）。1998 年，长江、嫩江、松花江等流域发生特大洪灾后，党中央、国务院做出了在大江大河的上中游源头区域实施的生态恢复重建的重大战略决策。1998 年开始的天然林保护、2001 年开始试点的退耕还林项目、2001~2004 年的森林生态效益补助资金试点，都属于我国林业生态补偿的试点，开启了我国通过生态补偿激励大规模的小农户参与生态恢复重建的工作，此后，我国开始全面推行天然林保护和退耕还林政策（张坤、唐肖彬，2019）。

　　我国森林生态补偿进行了详尽完备的立法，《中央财政林业补助资金管理办法》（2014 年）规定了四类森林生态补偿[①]，森林生态补偿范围广、种类齐全（徐丽媛，2017）。另外补偿标准也在不断提高细化，例如，2007 年，中央财政补偿基金统一规定为每年每亩 5 元；2014 年，国有的国家级公益林平均补偿标准依然为每年每亩 5 元，但集体和个人所有的国家级公益林补偿标准提高到每年每亩 15 元（徐丽媛，2017）。

　　在《中央财政森林生态效益补偿基金管理办法》出台后，许多省（区、市）也在中央政策的引导下探索着适合本地区的森林生态补偿制度，陆续建立了省级财政森林生态效益补偿基金，截至 2018 年，全国已有 31 个省（区、市）出台了地方性森林生态效益补偿基金管理办法或者实施细则等文件，用于支持国家级公益林和地方公益林保护（胡书兴，2019）。

　　党的十八大以来，生态保护补偿机制建设顺利推进，重点领域、重点区域、流域上下游以及市场化补偿范围逐步扩大，投入力度逐步加大，体制机制建设取得初步成效。近年来，我国林业生态补偿资金金额逐渐提高（见图 4-1）。

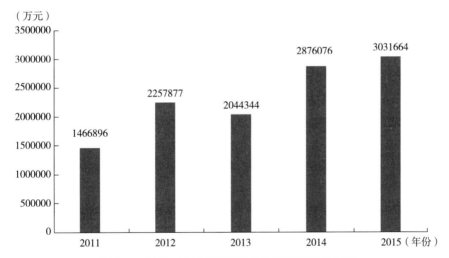

图 4-1　2011~2015 年我国林业生态补偿资金金额

资料来源：历年《中国林业统计年鉴》。

---

　　① 具体包括：森林生态效益补偿、林业补贴、森林公安补助、国有林场改革补助，其中林业补贴又包括林木良种培育补贴，造林补贴和森林抚育补贴，湿地、林业国家级自然保护区和沙化土地封禁保护区建设与保护补贴，林业防灾减灾补贴，林业科技推广示范补贴，林业贷款贴息补贴。

我国林业生态补偿模式是以政府财政支付补偿为主，其他补偿为辅。补偿资金来源主要是国家财政资金和相关行业、部门、地区提供的资金，各级政府在补偿过程中起主导作用（见图4-2）。政府补偿的手段主要包括发行国债、收纳全民义务的植树绿化费、优惠信贷、财政补贴的制度、政府财政的无偿扶持等。其他方式包括基于生态受益者与生态保护者之间自愿协商来进行补偿，利用国内外开发性的货款、生态建设和资金参与等（胡书兴，2019）。

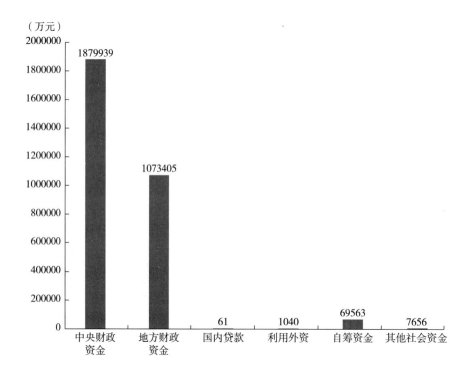

图4-2　2015年我国林业生态补偿资金结构

资料来源：历年《中国林业统计年鉴》。

二、流域生态补偿

近年来，随着流域生态环境的恶化，流域上下游区域之间的矛盾日趋明显，生态补偿成为有效平衡流域上下游之间经济发展与环境保护利益关系的关键所在（刘晶、葛颜祥，2012）。我国许多地方尝试在流域生态补偿中引入市场机制，各地涌现出大量的生态服务市场化补偿案例。现阶段对中小流域生态服务补偿进行了有益探索和重要补充（刘晶、葛颜祥，2012），但对于大江大河生态服务补偿的探索较少。

作为全国生态文明试验区之一，贵州将赤水河作为首个生态文明制度建设的改革先河，进行了生态补偿机制的创新实践。贵州将赤水河流域的生态补偿给予本书重要实践启示，在此，对该补偿案例进行详细介绍①。

2014年，贵州省委、省政府将赤水河作为贵州首个生态文明改革实践示范点，践行"绿水青山就是金山银山"的发展理念，将生态文明放在更加突出位置；发布《贵州省赤水河流域生态文明制度改革试点工作方案》，确定在赤水河流域开展12项生态文明制度改革任务，其中主要一项就是建立流域生态补偿制度。通过改革的办法和举措，已初步建立起流域上下游联防联控、共保共治、责权明晰、政企联动的长效机制。

一是建立政企联动生态补偿机制。2011年起，贵州省财政每年安排一笔专项资金专项用于赤水河流域生态环境保护。《赤水河流域保护省级专项资金管理办法》规定，贵州省财政每年投入资金5000万元，用于支持赤水河流域生态环保类项目的实施。2004年起连续10年，茅台集团每年捐赠5000万元补助赤水河流域（贵州境内）有关县（市、区）生态环境保护。通过政企联动开展生态补偿方式，有效保障了赤水河流域污染治理资金筹措。

二是建立赤水河省内生态补偿机制。按照"保护者受益、利用者补偿、污染者受罚"的原则，2014年，贵州省政府批复实施了《贵州赤水河流域水污染生态补偿暂行办法》（以下简称《补偿办法》）。《补偿办法》规定，在毕节市和遵义市开展赤水河流域水污染生态补偿。遵义市和毕节市通过跨界断面水质监测，水质达到或优于地表水Ⅱ类水质的标准，下游遵义市向毕节市缴纳生态补偿资金；反之则由上游毕节市向遵义市缴纳生态补偿资金，年度结算生态补偿资金，专款用于赤水河流域水污染防治、生态建设和能力建设。通过实施生态补偿，积极调动了上游区域强化生态环境保护的积极性和主动性。截至2019年，遵义市向毕节市累计缴纳赤水河流域水污染生态补偿金7679.72万元。

---

① 资料来源：贵州省生态环境厅。

三是建立赤水河跨省生态补偿机制。为进一步巩固治理效果，持续推进流域生态环保改善，2016 年，贵州在总结省内流域生态补偿经验基础上，按照《关于加快建立流域上下游横向生态保护补偿机制的指导意见》（财建〔2016〕928 号）的要求，研究起草了《云贵川赤水河流域横向生态补偿方案》，提出三省共治赤水河的倡议，在财政部、生态环境部的大力支持下，2018 年 2 月，云贵川三省人民政府在长江经济带生态保护修复暨推动建立流域横向生态补偿机制工作会议上现场签署了《云南省、贵州省、四川省人民政府关于赤水河流域横向生态补偿协议》（以下简称《补偿协议》）。《补偿协议》议定，云贵川三省按照 1∶5∶4 的比例共同出资 2 亿元设立赤水河流域横向生态补偿资金，根据赤水河干流及主要支流水质情况界定三省责任，按 3∶4∶3 的比例清算资金。2018 年 12 月，云贵川三省生态环境、财政部门共同印发实施《赤水河流域横向生态补偿实施方案》。2019 年，四川与贵州两省，向云南省缴 2000 万元的赤水河流域横向生态补偿金。

　　贵州省通过赤水河的生态补偿措施，验证了绿水青山可以变成金山银山，且环境保护与财富增长进入相互促进的良性循环，实现了更高质量、更可持续的经济增长，开创了自然资本增值与环境改善良性互动的生态经济新模式。

第三节　我国生态补偿存在的普遍问题

一、补偿资金来源的渠道较窄

　　近年来，我国林业生态补偿资金金额逐渐提高，但林业生态补偿资金结构仍发展不平衡，以中央财政资金和地方财政资金为主，国内贷款、利用外资、自筹资金、其他社会资金等来源形式仅占较小比例。除此之外，国债资金、优惠贷款、社会捐赠等渠道明显缺失。除资金补助外，产业扶持、技术援助、人才支持、就业培训等补偿方式未得到应有的重视（胡书兴，2019）。资金来源模式单一亦是流域生态补偿实践中的关键问题。长期以来，"政府主导，市场辅助"的生态补偿模式被当作"中国模式"并成为部分学者的共识。但在实践中，由于受"生态保护靠政府，经济发展有市场"观念的影响，市场补偿的适用范围相对较窄（赵晶晶等，2019）。这种单一模式耗费大量财政资金，在保护流域生态与促进经济发展方面缺乏可持续性。

二、生态补偿标准制定不合理

目前，我国生态服务定价机制很不完善，主要是政府的行政定价，补偿标准过于单一（孙新章、周海林，2008），缺乏科学、合理的生态补偿标准等问题也是流域生态补偿的核心问题（余维祥，2014），不能充分反映各地的经济、社会和生态区位条件的差异，极大地弱化了生态补偿的激励作用。价值的多少在价格上得以体现，合理的价格不是人算出来的，而是由市场来确定的。只有完全的市场或者理想市场才能正确地计算出商品和服务的价格。但是，在绝大多数情况下，资源和环境市场并不是完全的，或者根本就不存在市场，这使得生态服务的价值难以货币化（李宁等，2010），进而影响补偿标准的确定。

三、参与主体少且参与度不高

生态补偿是多个利益主体（利益相关者）之间的一种权利、义务、责任的重新平衡过程。实施生态补偿首先要明确各利益主体之间的身份和角色，明确其相应的权利、义务和责任内容（李宁等，2010）。但在实践中，参与主体主要为各级政府、企业和社会公众等主体参与度不高，亟须建立政府主导、企业和社会参与、市场化运作、可持续的生态保护补偿机制，激发全社会参与生态保护的积极性①。

---

① 资料来源：国家发展和改革委员会、财政部、自然资源部、生态环境部等九部门联合印发实施的《建立市场化、多元化生态保护补偿机制行动计划》。

四、生态补偿的受众范围过窄

目前，我国的生态补偿主要局限于退耕还林、天然林保护、矿区植被恢复等内容，且仅在部分地区开展。一些提供了大量生态服务产品的地区、企业和个人，并没有得到补偿，生态补偿的范围过窄（孙新章、周海林，2008；孙新章等，2006）。比如，对于划入天然林保护工程的集体林与国家重点公益林的补偿也存在较大的差异。这反映出我国在森林生态效益补偿的问题上，不能充分体现森林资源自身的价值（韦贵红，2011）。

五、横向转移支付的发展滞后

目前，从我国生态补偿的财政转移支付方式看，纵向转移支付占绝对主导地位，即中央对地方的转移支付，而区域之间、流域上下游之间、不同社会群体之间的横向转移支付微乎其微。作为公共产品或公共服务，生态环境具有显著的跨区域性，具有地域属性的生态服务应该由区域内所有受益者共同承担。但在具体的实践中，区域性生态服务的各受益地区往往隶属于不同的行政区划，分属于不同级次的财政，协调处理好区际之间的生态补偿问题实际上要复杂得多（李宁等，2010）。

第四节　长江流域生态补偿的现状问题

近年来，各级政府在国家政策导向下，积极探索生态补偿实践。例如，在落实森林生态效益补偿方面，重庆在 2018 年和 2019 年倾斜安排 33 个有扶贫任务区县的森林生态效益补偿资金共 8.24 亿元，惠及林权权利人近 300 万户，其中安排到 14 个国家级贫困区县约 6.4 亿元。从 2019 年起，落实天然林商品性停伐管护任务 715 万亩，落实中央补助 9100 多万元及时拨付到村集体经济组织和林农。重庆市黔江区是森林生态效益补偿生态扶贫的一个重要组成部分，在森林生态效益补偿基金兑现流程上采取“一自查、二核查、三公示、四申请、五兑现”的要求。天然林中的商品林补助与公益林同一标准，补偿标准从 2018 年的 11.75 元/亩提高到 2020 年的 12.75 元/亩。不仅增加了农户收入，帮助他们提前脱贫和正在脱贫，而且提高了林农保护生态环境的意识，调动了他们参与生态保护的积极性。另外，黔江区还加大森林管护，强化措施、完善体系、履行职责。由此可以看出，生态补偿政策措施多集中在省内或省际，缺乏全流域治理的制度安排（潘华、周小凤，2018）。

长江流域既有可观的经济利益又有复杂的社会关联性，横向生态补偿实施的诸多障碍，究其深层原因：一是长江流域跨区流经地域多且各地经济发展水平差异较大，致使各地生态环境的治理能力存在明显差距；二是所处区位不同，使地方对生态环境保护的投入意愿各异（潘华、周小凤，2018）。

流域管理立法方面，现行水法确立了流域管理基本制度，国务院和有关地方依据水法规定在流域立法方面制定了一些行政法规和地方性法规，但针对特定流域的全国性法律，长江保护法是第一部①。目前，作为我国第一部流域专门法律，《中华人民共和国长江保护法》于 2021 年 3 月 1 日起施行。《中华人民共和国长江保护法》是为了加强长江流域生态环境保护和修复，促进资源合理高效利用，保障生态安全，实现人与自然和谐共生、中华民族永续发展制定的法律。

《中华人民共和国长江保护法》首先是一部生态环境的保护法，坚持生态优先、保护优先的原则，把保护和修复长江流域生态环境放在压倒性位置，建立健全一系列硬约束机制，强化规划管控和负面清单管理，严格规范流域内的各类生产生活和开发建设活动。同时，注重在发展中保护、在保护中发展，在优化产业布局，调整产业结构，推动重点产业升级改造，促进城乡融合发展。《中华人民共和国长江保护法》第六十四条规定："国务院有关部门和长江流域地方各级人民政府应当按照长江流域发展规划、国土空间规划的要求，调整产业结构，优化产业布局，推进长江流域绿色发展。"第六十五条规定："国务院和长江流域地方各级人民政府及其有关部门应当协同推进乡村振兴战略和新型城镇化战略的实施，统筹城乡基础设施建设和产业发展，建立健全全民覆盖、普惠共享、城乡一体的基本公共服务体系，促进长江流域城乡融合发展。"第六十九条规定："长江流域县级以上地方人民政府应当按照绿色发展的要求，统筹规划、建设与

---

① 资料来源：全国人大常委会官方公众号——"全国人大" 2 月 23 日推文。

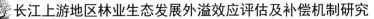

管理，提升城乡人居环境质量，建设美丽城镇和美丽乡村。"许多规定以促进长江流域经济社会发展全面绿色转型为目的，实现长江流域科学、绿色、高质量发展。

《中华人民共和国长江保护法》第七十五条规定："国务院和长江流域县级以上地方人民政府应当加大长江流域生态环境保护和修复的财政投入。国务院和长江流域省级人民政府按照中央与地方财政事权和支出责任划分原则，专项安排长江流域生态环境保护资金，用于长江流域生态环境保护和修复。国务院自然资源主管部门会同国务院财政、生态环境等有关部门制定合理利用社会资金促进长江流域生态环境修复的政策措施。国家鼓励和支持长江流域生态环境保护和修复等方面的科学技术研究开发和推广应用。国家鼓励金融机构发展绿色信贷、绿色债券、绿色保险等金融产品，为长江流域生态环境保护和绿色发展提供金融支持。"第七十六条规定："国家建立长江流域生态保护补偿制度。国家加大财政转移支付力度，对长江干流及重要支流源头和上游的水源涵养地等生态功能重要区域予以补偿。具体办法由国务院财政部门会同国务院有关部门制定。国家鼓励长江流域上下游、左右岸、干支流地方人民政府之间开展横向生态保护补偿。国家鼓励利用社会资金建立市场化运作的长江流域生态保护补偿基金；鼓励相关主体之间采取自愿协商等方式开展生态保护补偿。"规定充实、完善了有关长江保护的保障支持和监督措施，从加大财政转移支付力度、鼓励开展横向生态保护补偿、鼓励社会资本建立生态保护补偿基金等方面，完善长江流域生态保护补偿机制。在此政策背景下，长江流域生态补偿将进入全新的发展时期。

在实践中，长江上游地区生态补偿方面存在的主要问题有流域主体间权责不明、生态补偿制度建设与经济效益存在矛盾、流域间政府补偿方式单一等（时岩钧，2020），长江上游地区的自然地理、经济发展与生态资源的协调性不高，许多生态补偿具体操作细节仍在探索中。

第五节　本章小结

本章主要内容是我国生态补偿制度的历史沿革与发展现状，主要包括我国生态补偿制度的历史沿革、我国生态补偿发展现状（主要围绕林业生态补偿和流域生态补偿）、我国生态补偿存在的普遍问题、长江流域生态补偿现状。

我国生态补偿制度的历史沿革：国家对生态补偿政策日益重视；中央政府文件中多次提到林业生态效益补偿制度，宏观政策相对比较完善；生态补偿在保护生态环境与调节生态保护相关方经济利益关系上发挥了积极作用已成基本共识。

我国生态补偿发展现状：我国的生态补偿政策在森林、自然保护区、重点生态功能区、矿产资源开发、流域水环境保护等方面都有一定涉及。在森林生态补偿方面，我国的生态补偿探索始于 2001 年开展的森林生态效益补偿，相关政策与实践较为丰富，在实践中，其内容也更加具体、更具操作性；许多省份也在中央政策的引导下探索着适合本地区的森林生态补偿制度；生态补偿体制机制建设取得一定成效。在流域生态补偿方面，国家政策中多次涉及，有一定的政策基础；实践中，我国许多地方尝试着在流域生态补偿中引入市场机制，各地涌现出大量的生态服务市场化补偿案例，但主要是对中小流域生态服务补偿进行有益探索，对大江大河生态服务补偿的探索较少。

我国生态补偿存在的普遍问题：补偿资金来源渠道较窄、生态补偿标准制定不合理、参与主体较少且参与度不高、生态补偿范围过窄、横向转移支付发展滞后。

长江流域生态补偿现状：生态补偿政策措施多集中在省内或省际，缺乏全流域治理的制度安排；作为我国第一部流域专门法律，《中华人民共和国长江保护法》自 2021 年 3 月 1 日起施行。在此政策背景下，长江流域生态补偿将进入全新的发展时期；长江上游地区生态补偿方面亦存在许多问题，许多生态补偿具体实践仍在探索中。

第五章

流域开展林业生态发展效益生态补偿的理论分析

第一节　林业生态发展效益特征

一、不可替代性

林业生态功能成为林业生态发展的核心功能。从林业的界定可以看出，林业最核心的功能是其生态功能，具有不可替代性。其中，最具代表性的定义来自《辞海》和《林业科技辞典》。《辞海》将林业定义为：培育和保护森林资源以获取木材或其他林产品和发挥林木的多种生态防护功能的生产部门。《林业科技辞典》①将林业定义为：为了实现对森林资源、林产品及其他效益的永续利用而从事于营造、保护和经营森林及林地的科学、业务和技术职业的总称。

总体来讲，从森林资源本身的性质和功能特点看，主要集中在经济功能和生态功能（王立群，1998）。一种是经济功能，用来满足人类对木材和其他林产品的需要，林业是国民经济的一个重要组成部分；另一种为生态功能，可用来满足人类改善和保护生存环境（如涵养水源、水土保持、防风固沙、净化大气等）的需要。随着人口增长、粮食不足、能源短缺、资源匮乏和生存环境恶化等现实问题的增多，作为生产人类最必需的特殊产品（良好生态环境）的林业生态系统具有不可替代的特点，林业的生态功能逐渐成为核心功能。

二、综合性

林业生态发展产生的效益是一种综合价值，具有综合性特征。生态不断被人们所认知，人们也充分意识到：生态是具有价值的，通过生态服务功能体现出来的对人类直接或者间接的作用，这些作用对人类来说是必不可少的（胡书兴，2019），且价值日益显著。生态价值存在于生态系统内，

---

①　由联合国粮农组织和国际林业研究组织联盟编撰。

构成生态系统的各种生物、能量和物质彼此依存、相互制约，并进行着物质循环和能量循环以保持一种动态平衡（胡书兴，2019）。生态价值是自然界物质在生产过程中创造的一切价值，可以把生态价值看成是一种整体价值和综合价值（胡书兴，2019），具体包括消遣价值、美学价值、生命价值、科学价值以及伦理价值等。虽然目前还无法准确计量自然界直接或间接生产的生态产品的价值或价格（胡书兴，2019），随着生态资源的不断消耗，生态资源对于人类的相对紧缺性和重要性将会持续增加，对生态效益综合价值的关注将会越来越多。

三、效用性

林业生态发展最核心功能是提供林业生态系统服务，具有效用价值。众多学者普遍认为生态服务的价值是一个效用价值。根据劳动价值论，原始生态系统服务中由于没有包含人类劳动时间，所以是没有价值的。由于人类经济发展对生态环境的破坏，生态系统服务已经成为一种稀缺资源，同时科学研究证明了生态系统服务对人类生存的重要性，越来越多的人承认生态系统服务对人类生存发挥的重要作用。显然，生态系统服务满足了两个必要条件：一是生态系统服务对人类具有效用价值（谢高地等，2008）；二是生态系统服务具有稀缺性。

四、系统性

随着科技的发展和经济的进步，人们开始对传统林业经营思想与经营模式进行反思，提出构建林业生态系统的思想。林业生态发展客观要求林业生态系统和林业经济系统相互作用、相互渗透、相互交织，即两个子系统协调发展。林业生态发展是林业经营的目标和发展方向，林业生态发展要求林业经营必须要对林业产业进行整体规划，协调林业产业的生态效益和经济效益，实现林业产业的全面发展（高艳霞，2018），林业生态发展效益具有系统性特征。

第二节　林业生态效益外溢特征

一、具有正外部性

从系统的角度看待经济发展与生态环境关系，认为人类生存的区域环境是一个复合系统，社会环境、经济发展以及生态环境等诸多因素相互关联，其中任何因素的变化都有可能会引起其他因素的连锁反应，从而影响整体系统的状态①。生态环境是一种公共物品，公共物品的消费具有非竞争性和非排他性，所以，面对生态建设的正外部性，民众多有"搭便车"心理，他们在享受优美生态环境的同时往往拒绝为此付费。生态环境的建设者承担了生态建设的全部成本（包括内部成本和外部成本），却只获得了部分收益（内部收益）；其他主体没有承担生态建设的任何成本却获得了外部收益（吕志祥、闫妮，2016）。

二、外溢表征明显

森林资源经营能产生经济和生态两大效益，森林提供的涵养水源、保持水土、防风固沙、调节气候等生态效益，即通常所讲的"公共物品"，消费上不具有竞争性，在占有上也没有明显的排他性，无法进行市场交换（刘青柏、刘明国，2005），森林生态效益的外部性容易造成市场失灵。和森林的经济效益相比，森林的生态效益具有公益性强和生产周期很强的特点，公益性强使其外部性也很强（胡昊，2017），生态效用的外溢性把区域生态环境问题提升到与关联区域乃至全国整体区域紧密相关的全局性高度（盖凯程，2011）。为了避免生态环境供给的不足与短缺，保持生态性

---

① Brade J B, Kolstad C D. Measuring the Demand for Environmental Quality［M］. Lightning Source Inc., 1991：136-139.

森林资源[①]的持续经营，就需要消除生态建设外溢效应的负面影响，国家应建立合理、完善的森林生态效益补偿制度，以弥补市场机制在生态公益林处的失灵作用（刘青柏、刘明国，2005）。实施生态补偿并切实遵循"谁建设、谁受益""谁破坏、谁恢复""谁受益、谁补偿"的原则显得非常重要（吕志祥、闫妮，2016）。

第三节　现实基础和经济学基础

长江流域横跨我国 19 个省份，流域面积 180 万平方千米。2016 年和 2017 年，国家分别发布了《长江经济带发展规划纲要》《长江经济带生态环境保护规划》，党的十九大报告再次重申了"共抓"和"不搞"的发展导向，长江流域经济和生态发展具有战略重要性和复杂性（潘华、周小凤，2018）。

我国现有的天然林大部分分布在大江、大河的源头或其流域范围，是调节气候、涵养水源、保持水土、防灾减灾、治理大江大河、保障农业稳产高效的基础（李永启等，2006）。许多流域上下游之间生态服务供需矛盾越来越突出，主要表现在流域生态环境综合整治和经济社会发展的需求（包晓斌，2017）。长江流域既有可观的经济利益又有复杂的社会关联性，长江上游作为重要的江河源头区、生态屏障区和生态效益源区，生态环境质量直接关系到下游和周边广大地区，开展长江流域生态补偿具有历史和现实必然性。作为公共物品或公共服务，生态环境具有显著的跨区域性（李宁等，2010），长江上游地区地处我国一级阶梯向二级阶梯的过渡地带，其重要的地理位置、特殊的地质地貌特征和脆弱的生态与环境，赋予了长江上游地区对中下游地区特殊的环境服务功能，素有天然屏障之称，是长江流域的根基和源泉，更是长江中下游地区的生态安全屏障（孙鸿烈，2008）。这就需要国家和长江流域下游受益地区对上游保护地区实行生态补偿，共同承担流域生态保护和建设的责任和义务，增强流域上下游保护水资源及周边生态环境的积极性和责任感，理顺流域上下游之间生态

---

① 生态性森林资源指生态公益林和以追求生态效益为主要目的的森林资源。

保障与经济利益的共建分享关系，促进流域的生态环境建设（包晓斌，2017）。

由于区域生态环境破坏的公害性、流动性、传递性和累积性以及区域生态环境保护的公益性、综合性和持久性，加上区域生态环境区位的特殊性，决定了上游地区生态经济协调发展决不仅仅是局部课题，而是一个事关全局性的重大课题，对全国的生态经济系统的稳定健康运行具有重要意义（盖凯程，2011）。从短期来说，上游地区保护森林，营造森林的成本，停止砍伐森林带来的损失，应由外部补偿（唐忠，1998）。流域上游的生态保护者比下游的人需要遵守更为严格的法律规定或更少的权利分配，需要对他们的行为做出一定限制和调整，这种调整或限制实际上造成这部分人的部分权利或是全部权利丧失。

为了使生态服务功能其他享受者或受益者的权利得到保障，需要一种补偿来弥补这种权利的失衡（俞海、任勇，2007）。中下游地区是上游保护森林的受益者，应当为这种利益支付报酬（唐忠，1998）。针对公共属性较强、供需可达性均衡且构成国家生态安全战略格局的公共型生态产品，应由中央政府主导，以实现区域综合均衡和公共服务均等化为目标，采用生态补偿的方式对提供生态产品的地方政府、企业或个人进行补偿，弥补因提供生态产品导致的区域发展差距（范振林等，2020）。而中央政府则是跨省份转移支付的当然管理者和协调者（唐忠，1998）。

第四节　本章小结

本章主要内容是针对流域开展林业生态发展效益生态补偿进行理论分析，基本观点如下：

林业生态发展效益的基本特征：不可替代性、综合性、效用性和系统性。

林业生态效益外溢特征：具有正外部性，外溢表征日益明显。

现实基础和经济学基础：长江流域既有可观的经济利益又有复杂的社会关联性；流域林业生态经济协调需要上下游多重主体参与；长江上游地

区的生态环境具有显著的跨区域性，对中下游地区有特殊的环境服务功能，中下游地区是上游地区保护森林的受益者，应当为这种利益支付报酬；理顺流域上下游之间生态保障与经济利益的共建分享关系，促进流域的生态环境建设。

第六章

长江上游地区界定及基本情况

长江经济带是我国综合实力最强、战略支撑作用最大的区域之一，也是我国经济结构调整和经济发展方式转变的重要战场（张明月等，2019），长江经济带战略是我国实施新一轮区域开放开发的重要国家战略。2017 年10 月，习近平总书记提出要以共抓大保护，不搞大开发为导向推动长江经济带发展（周欣，2019）。2018 年 4 月，习近平总书记又在长江经济带发展座谈会上指出，"必须从中华民族长远利益考虑，把修复长江生态环境摆在压倒性位置，共抓大保护、不搞大开发，要走生态优先、绿色发展之路"。

长江上游区域是指长江源头至干流宜昌段，流域面积占全流域面积的58.9%，区内生态类型多样，是全流域乃至全国生态环境建设的重点，是可持续发展的重要依托与保障。长江上游是中国关键生态区域和整个长江流域生态安全的重要屏障，在长江流域以及全国有着不可忽视的生态战略地位（洪步庭等，2019；任平等，2013）。

林业经营是环境社会协调发展的基础力量，一个地区的森林资源蓄积量、人口数量和质量、生产要素对林业的投入和结合状态及相应社会运行机制，都直接或间接地影响着林业经营综合效益的高低（张立平，2014）。在此，首先对长江上游地区范围进行界定，其次对长江上游地区的地理与自然、人口情况、经济发展情况、林业产业发展、生态与资源环境等内容进行介绍分析。

第一节　研究范围界定

长江是我国第一大河，干流长度达 6380 千米，流域面积可达 180 万平方千米。长江经济带覆盖上海、江苏、浙江、安徽、江西、湖北、湖南、重庆、四川、贵州、云南 11 个省（市），面积约 205.23 万平方千米，占全国总面积的 21.4%（时岩钧，2020）。其中，长江上游支流长度约 4511 千米，上游流域西起青藏高原各拉丹东，东至湖北宜昌，各支流其沿岸自然环境复杂多样，为其经济发展提供了必要的物质基础（时岩钧，2020）。

文传浩等在《长江上游生态文明研究》（2016）一书中指出：对长江上游地区的范围界定可以从地理、生态、经济、文化四个维度进行，将长江上游地区划分为自然地理区、生态功能区、经济区、文化区四个区域。按上、中、下游经济腹地进行划分，下游地区包括上海、江苏、浙江、安徽四省市，面积约 35.03 万平方千米，占长江经济带的 17.1%；中游地区包括江西、湖北、湖南三省，面积约 56.46 万平方千米，占长江经济带的 27.5%；上游地区包括重庆、四川、贵州、云南四省市，面积约 113.74 万平方千米，占长江经济带的 55.4%。长江上游四省市作为长江经济带的组成部分，生态区位十分重要，不仅要为中下游地区提供生态保障，还具有为全国提供公共生态产品的功能（耿直，2019）。选取四个典型地区开展研究，对于辐射带动长江上游其他地区经济社会的可持续发展及构筑长江上游地区的生态安全屏障具有重要的战略意义。

第二节　地理自然概况

长江上游地域辽阔，跨越了高原、北亚热带和中亚热带三大气候区，季风气候十分典型。以亚热带为基带，区内有局部南亚热带、暖温带、温带、寒温带多种气候类型，由于高山谷深，海拔高差大，气候的立体特性十分显著（孙鸿烈，2008）。该区域具有丰富的自然资源，山川秀丽、风景优美、气候宜人、夏无酷暑、冬无严寒、雨热同季（文传浩等，2016）。地理位置和复杂的地形地貌，使长江上游地区生态条件复杂多样。

长江上游是我国天然植被保存较多的区域之一，主要植被类型有高寒草原、高寒丛草甸、高山（亚高山）灌丛、高山（亚高山）草甸、亚高山寒温性针叶林、针阔叶混交林、阔叶阔叶林、常绿落叶阔叶混交林、亚热带常绿阔叶林、落叶阔叶灌丛、高山和亚高山灌丛、亚热带温性针叶林及竹林，以及干旱河谷性灌丛植被等。植被分布呈明显的水平分异，地理环境具有独特性与多样性，气候条件比较复杂，长江上游聚集了不同区系来源的生物类群，是我国生物多样性最丰富的地区之一，野生动植物资源十分丰富，是我国重要的生物资源宝库、物种资源宝库和基因宝库，有多处世界遗产地和国家级自然保护区（国政，2011；孙鸿烈，2008）。

第三节　人口基本情况

2019 年，长江流域常住人口 60206.09 万人，占全国人口的比重为 43.00%，长江上游地区常住人口为 19980.57 万人，占长江流域人口比重为 33.19%，占全国常住人口比重的 14.27%（见表 6-1）。

表 6-1　2000~2019 年长江流域常住人口数

年份	全国（万人）	长江下游地区（万人）	长江中游地区（万人）	长江上游地区（万人）	长江流域常住人口（万人）	长江流域人口占全国人口比例（%）	长江上游地区占全流域人口比例（%）	长江上游地区占全国人口比例（%）
2000	126743.00	19708.51	16357.00	19174.82	55240.33	43.58	34.71	15.13
2001	127627.00	19884.13	16439.85	19058.12	55382.10	43.39	34.41	14.93
2002	128453.00	20039.37	16523.00	19094.43	55656.80	43.33	34.31	14.86
2003	129227.00	20243.64	16601.80	19224.45	56069.89	43.39	34.29	14.88
2004	129988.00	20511.18	16680.00	19202.32	56393.50	43.38	34.05	14.77
2005	130756.00	20589.49	16347.24	19190.40	56127.13	42.93	34.19	14.68
2006	131447.60	20801.57	16374.13	19150.00	56325.70	42.85	34.00	14.57
2007	132129.00	21059.62	16422.41	19088.98	56571.01	42.81	33.74	14.45
2008	132802.00	21250.52	16491.10	19115.98	56857.60	42.81	33.62	14.39
2009	133450.00	21427.05	16558.16	19152.00	57137.21	42.82	33.52	14.35
2010	134091.00	21575.21	16760.24	19010.14	57345.59	42.77	33.15	14.18
2011	134735.00	21677.26	16842.04	19069.00	57588.30	42.74	33.11	14.15
2012	135404.00	21765.41	16921.86	19164.27	57851.54	42.73	33.13	14.15

续表

年份	全国 （万人）	长江下游 地区 （万人）	长江中游 地区 （万人）	长江上游 地区 （万人）	长江流域 常住人口 （万人）	长江流域 人口占 全国 人口比例 （%）	长江上游 地区占全 流域 人口比例 （%）	长江上游 地区占 全国 人口比例 （%）
2013	136072.00	21882.44	17011.75	19265.82	58160.01	42.74	33.13	14.16
2014	136782.00	21976.64	17095.40	19353.54	58425.58	42.71	33.13	14.15
2015	137462.00	22074.17	17200.16	19491.85	58766.18	42.75	33.17	14.18
2016	138271.00	22205.00	17299.00	19636.00	59140.00	42.77	33.20	14.20
2017	139008.00	22359.30	17384.15	19757.66	59501.11	42.80	33.21	14.21
2018	139538.00	22535.08	17463.40	19872.29	59870.77	42.91	33.19	14.24
2019	140005.00	22714.04	17511.48	19980.57	60206.09	43.00	33.19	14.27

资料来源：中经网统计数据库—分省宏观年度库。

2000 年以来，长江流域常住人口的自然增长率经历了下降速度较快、基本平稳（缓慢上升—缓慢下降—缓慢上升）、下降速度等较快几个阶段（见图 6-1）。

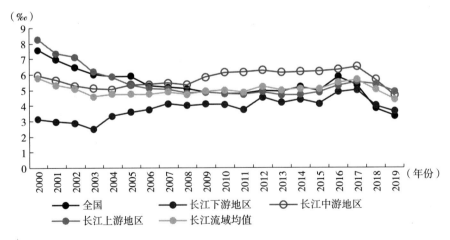

图 6-1　2000~2019 年长江流域常住人口自然增长率

资料来源：中经网统计数据库—分省宏观年度库。

近年来，长江上游地区常住人口的自然增长率处于长江流域均值之下（见表6-2）。长江流域的人口自然增长率存在一定差异。这主要是由于农业劳动力比例和工业劳动力比例的升与降，人均收入、城镇化率、生育政策等多方面复杂原因造成的（何传启，2006）。

表6-2　2000~2019年长江流域常住人口自然增长率　　　单位:‰

年份	全国	长江下游地区	长江中游地区	长江上游地区	长江流域均值
2000	7.58	3.1175	5.9467	8.2725	5.7789
2001	6.95	2.9600	5.6333	7.3600	5.3178
2002	6.45	2.8650	5.2633	7.1300	5.0861
2003	6.01	2.4725	5.1200	6.1625	4.5850
2004	5.87	3.3300	5.0367	5.8400	4.7356
2005	5.89	3.5975	5.3433	5.3125	4.7511
2006	5.28	3.7575	5.3700	5.1050	4.7442
2007	5.17	4.1250	5.4500	5.0650	4.8800
2008	5.08	4.0125	5.3400	4.8075	4.7200
2009	4.87	4.0900	5.8267	4.8650	4.9272
2010	4.79	4.0775	6.1333	4.7575	4.9894
2011	4.79	3.7175	6.1433	4.7200	4.8603
2012	4.95	4.5275	6.2567	4.8750	5.2197
2013	4.92	4.1875	6.1267	4.6675	4.9939
2014	5.21	4.3850	6.1700	4.7050	5.0867
2015	4.96	4.1175	6.1967	4.8550	5.0564
2016	5.86	4.8725	6.3067	5.2825	5.4872
2017	5.32	5.0025	6.4967	5.5225	5.6739
2018	3.81	3.9950	5.6733	5.3600	5.0094
2019	3.34	3.6400	4.6467	4.9125	4.3997

资料来源：中经网统计数据库—分省宏观年度库。

2005 年以来，城镇常住人口占常住人口的比例逐年上升，呈缓慢增长的趋势。长江上游地区增长速度快于中游地区和下游地区（见图 6-2）。常住人口是新型城镇化的一个关键性指标。这说明长江上游地区的城镇化速度比较快。

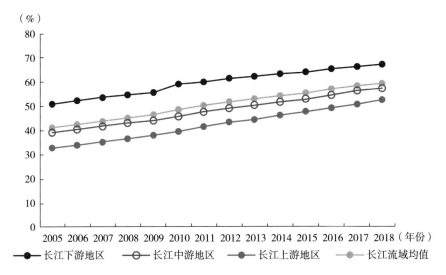

图 6-2　2005~2018 年长江流域城镇常住人口占常住人口比例

资料来源：中经网统计数据库—分省宏观年度库。

2018 年，长江上游地区城镇常住人口①占常住人口比例为 52.4%，中游地区为 57.47%，下游地区为 67.24%。长江上游地区城镇常住人口比例低于流域均值，与中游地区相比还存在一定的差距，远远落后于下游地区（见表 6-3）。城镇常住人口比例较低，也意味着长江上游地区绝大部分居民居住在农村。

表 6-3　2005~2018 年长江流域城镇常住人口占常住人口比例　单位：%

年份	长江下游地区	长江中游地区	长江上游地区	长江流域均值
2005	50.92	39.17	32.77	41.29

① 常住人口是指全年经常在家或在家居住 6 个月以上，而且经济和生活与本户连成一体的人口。

年份	长江下游地区	长江中游地区	长江上游地区	长江流域均值
2006	52.15	40.47	33.91	42.55
2007	53.45	41.61	35.13	43.83
2008	54.58	42.99	36.67	45.20
2009	55.71	44.16	37.87	46.39
2010	59.05	45.69	39.63	48.71
2011	60.26	47.56	41.38	50.29
2012	61.39	49.22	43.28	51.83
2013	62.42	50.43	44.61	53.01
2014	63.37	51.70	46.10	54.24
2015	64.19	53.11	47.65	55.46
2016	65.35	54.66	49.36	56.91
2017	66.34	56.20	51.00	58.29
2018	67.24	57.47	52.40	59.46

资料来源：中经网统计数据库—分省宏观年度库。

第四节　经济社会发展

一、GDP 与人均 GDP

1. GDP

2000 年以来，长江经济带上游地区、中游地区、下游地区 GDP 总量均呈上升趋势，但区域发展并不平衡，总体上，长江下游地区产值>长江中游地区产值>长江上游地区产值，且长江下游地区产值远远高于长江中游地区和长江下游地区（见表6-4）。

表6-4 2000~2019 年长江流域各地区 GDP 情况

年份	全国（亿元）	长江下游地区（亿元）	长江中游地区（亿元）	长江上游地区（亿元）	长江流域总值（亿元）	长江流域总值占全国比例（%）	长江上游地区占长江流域比例（%）	长江上游地区占全国比例（%）
2000	100280.10	22367.98	9099.95	8760.31	40228.24	40.12	21.78	8.74
2001	110863.10	24812.01	9888.11	9541.93	44242.05	39.91	21.57	8.61
2002	121717.40	27871.27	10814.84	10514.12	49200.23	40.42	21.37	8.64
2003	137422.00	32765.22	12224.85	11871.17	56861.24	41.38	20.88	8.64
2004	161840.20	39484.45	14731.88	14173.92	68390.25	42.26	20.73	8.76
2005	187318.90	46614.20	17243.05	16320.98	80178.23	42.80	20.36	8.71
2006	219438.50	54145.26	20126.67	18924.59	93196.52	42.47	20.31	8.62
2007	270092.30	64627.14	24573.25	22895.15	112095.50	41.50	20.42	8.48
2008	319244.60	75366.19	29854.97	27648.57	132869.70	41.62	20.81	8.66
2009	348517.70	82556.92	33675.97	30763.72	146996.60	42.18	20.93	8.83
2010	412119.30	98673.10	41456.83	36937.40	177067.30	42.97	20.86	8.96
2011	487940.20	115925.46	51004.64	45633.01	212563.10	43.56	21.47	9.35
2012	538580.00	126117.32	57353.56	52444.07	235915.00	43.80	22.23	9.74
2013	592963.20	138557.44	63823.69	59094.50	261475.60	44.10	22.60	9.97
2014	643563.10	149677.80	70131.17	64880.24	284689.20	44.24	22.79	10.08
2015	688858.20	160131.95	75176.18	69892.10	305200.20	44.31	22.90	10.15
2016	746395.10	177225.91	82715.75	77240.28	337181.90	45.17	22.91	10.35
2017	832035.90	195289.01	89387.36	86322.12	370998.50	44.59	23.27	10.37
2018	919281.10	221233.32	101068.10	100725.30	423026.80	46.02	23.81	10.96
2019	990865.10	237252.54	110337.90	110214.70	457805.10	46.20	24.07	11.12

资料来源：中经网统计数据库—分省宏观年度库。

2000 年以来，长江流域 GDP 占全国 GDP 比例越来越大，2019 年高达46.20%，可以看出，长江流域在全国经济增长方面的重要性及巨大贡献。

长江上游地区在 2010 年以后，GDP 增长速度也越来越快（见表 6-4）。一是作为货运量位居全球内河第一的黄金水道，长江在区域发展总体格局中具有重要战略地位。二是积极探索支柱行业和新兴产业，在共同发力的带动下，经济增长较快。例如，2019 年，贵州省经济运行总体平稳，初步核算，全省 GDP 为 16769.34 亿元，比上年增长 8.3%。其中，第一产业增加值为 2280.56 亿元，增长 5.7%；第二产业增加值为 6058.45 亿元，增长 9.8%；第三产业增加值为 8430.33 亿元，增长 7.8%。主要源于农业结构调整深入推进、十大千亿级工业产业发展提质增效、创新助力服务业稳定发展①。

2000 年以来，长江经济带上游地区、中游地区、下游地区 GDP 增长指数均呈上升趋势，但区域发展并不平衡，总体上，长江下游地区＞长江中游地区＞长江上游地区，且长江下游地区远远大于长江中游地区和长江上游地区（见图 6-3）。

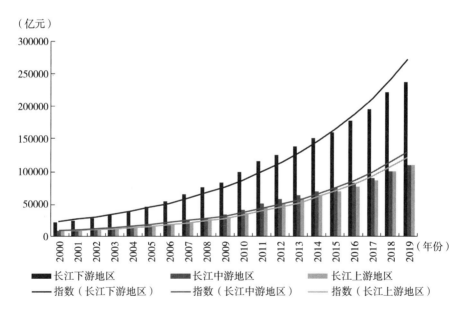

图 6-3 2000~2019 年长江上游地区、长江中游地区、长江下游地区 GDP 基本情况

资料来源：中经网统计数据库—分省宏观年度库。

---

① 资料来源：贵州省统计局。

2000 年以来，从长江经济带 GDP 增长指数的均值来看，经历了不断上升—缓慢下降的过程。2009 年以前，长江上游地区的 GDP 增长指数处于均值之下，自 2009 年开始，长江上游地区的 GDP 增长指数略高于均值水平（见表6-5）。

表6-5　2000～2019 年长江经济带 GDP 增长指数　　单位:%

年份	长江下游地区	长江中游地区	长江上游地区	均值
2000	110.18	108.74	108.32	109.08
2001	110.05	108.89	108.39	109.11
2002	111.31	109.58	109.64	110.18
2003	112.49	110.76	110.43	111.22
2004	114.20	112.17	111.90	112.76
2005	112.42	112.36	111.48	112.08
2006	113.50	112.78	112.58	112.95
2007	114.75	114.10	114.35	114.40
2008	111.28	113.51	111.85	112.21
2009	110.65	113.45	113.23	112.44
2010	112.38	114.47	114.33	113.72
2011	110.43	113.03	115.03	112.83
2012	109.42	111.15	113.16	111.24
2013	109.00	110.08	111.73	110.27
2014	108.13	109.62	109.58	109.11
2015	108.04	108.82	109.58	108.81
2016	107.74	108.37	109.43	108.51
2017	107.57	108.20	109.28	108.35
2018	107.11	108.10	108.00	107.74
2019	106.60	107.70	107.55	107.28

注：上年＝100%。

资料来源：中经网统计数据库—分省宏观年度库。

2. 人均 GDP

2000 年以来，长江经济带上游地区、中游地区、下游地区人均 GDP 呈上升趋势，但区域发展并不平衡，总体上，长江下游地区>长江流域均值>长江中游地区>长江上游地区。长江下游地区人均 GDP 远远大于长江中游地区和长江上游地区（见表 6-6）。

表 6-6　2000~2019 年长江流域各地区人均 GDP 情况　　单位：元

年份	长江下游地区	长江中游地区	长江上游地区	长江流域均值
2000	14908.04	5523.14	4524.93	8318.70
2001	16277.36	6069.32	4902.47	9083.05
2002	18110.00	6666.51	5391.33	10055.95
2003	20694.37	7530.26	6071.62	11432.08
2004	24648.75	9053.22	7211.97	13637.98
2005	28248.08	10432.33	8232.25	15637.55
2006	32102.33	12015.00	9397.75	17838.36
2007	37437.70	14443.67	11252.00	21044.46
2008	40699.75	17968.33	14602.50	24423.53
2009	43417.00	20146.67	16192.25	26585.31
2010	50378.25	24626.00	19412.25	31472.17
2011	57439.50	30075.67	24077.75	37197.64
2012	61471.47	33617.36	27606.75	40898.53
2013	66788.15	37232.92	31078.25	45033.11
2014	71667.77	40696.38	34169.68	48844.61
2015	76357.70	43377.24	36937.31	52224.08
2016	84481.50	47384.33	40711.00	57525.61
2017	92310.63	51060.46	45067.60	62812.89
2018	99126.37	55666.08	48298.94	67697.13
2019	111751.50	62697.00	56494.75	76981.08

资料来源：中经网统计数据库—分省宏观年度库。

2019年，长江下游地区人均GDP为111751.50元，长江中游地区人均GDP为62697.00元，长江下游地区人均GDP为56494.75元（见表6-6）。与前几年相比，长江下游地区增长速度较快，长江中游地区和长江下游地区增长速度较慢（见图6-4）。

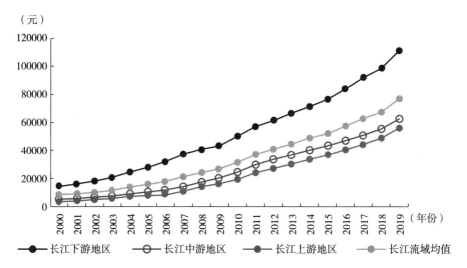

图6-4　2000~2019年长江上游地区、长江中游地区、长江下游地区人均GDP情况
资料来源：中经网统计数据库—分省宏观年度库。

二、三次产业

1. 三次产业增加值概况

2000年以来，长江上游地区第一产业增加值、第二产业增加值、第三产业增加值都有不同程度的提高。其中，第一产业增加值由2000年的1935.83亿元增长到2019年的11676.80亿元，是2000年的6.03倍；第二产业增加值由2000年的3589.09亿元增长到2019年的40882.17亿元，是2000年的11.39倍；第三产业增加值由2000年的3023.29亿元增长到2019年的57655.69亿元，是2000年的19.07倍（见表6-7）。

表 6-7　2000~2019 年长江上游地区三次产业增加值　单位：亿元

年份	第一产业增加值	第二产业增加值	第三产业增加值
2000	1935.83	3589.09	3023.29
2001	1999.42	3785.75	3545.97
2002	2094.73	4236.15	3932.90
2003	2266.18	4891.96	4370.14
2004	2764.02	5900.09	5108.68
2005	2983.29	6585.74	6338.52
2006	3164.27	7969.54	7284.29
2007	3798.12	9732.75	8580.15
2008	4510.34	12083.17	10042.90
2009	4465.28	14219.79	12078.65
2010	4901.68	18054.85	13980.87
2011	5965.26	22546.82	17120.93
2012	6783.68	25405.20	20255.19
2013	7366.74	28148.47	23129.95
2014	7862.60	29630.73	27386.91
2015	8523.84	29881.40	31486.86
2016	9273.87	31707.53	36258.88
2017	9909.08	34545.85	41867.27
2018	10460.72	37159.97	51878.81
2019	11676.80	40882.17	57655.69

资料来源：中经网统计数据库—分省宏观年度库。

2000 年以来，长江上游地区的第一产业增加值呈缓慢上升的发展趋势，第二产业增加值呈波动上涨的发展趋势，第二产业增加值呈快速上升的发展趋势（见图 6-5）。

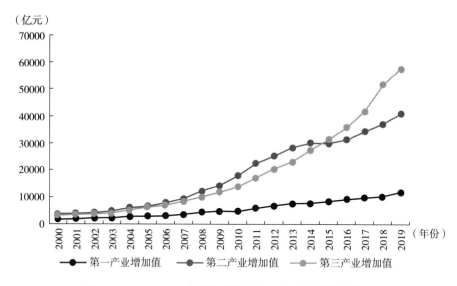

图 6-5　2000~2019 年长江上游地区三次产业增加值情况

资料来源：中经网统计数据库—分省宏观年度库。

2. 第一产业增加值及比重

2000 年以来，长江流域第一产业增加值逐年提高，2006 年超过 1 万亿元，2012 年超过 2 万亿元，2019 年超过 3 万亿元。长江流域第一产业总增加值占全国比例均在 40% 以上，2019 年，高达 43.43%。长江上游地区第一产业增加值 2015 年以前均低于流域第一产业增加值均值，2015 年以后高于均值。长江上游地区第一产业增加值占流域总增加值比例总体上不断提高，2019 年达到 38.15%。长江上游地区第一产业增加值占全国第一产业总增加值比例总体上也不断提高，2016 年超过 15%，2019 年达到16.57%（见表 6-8）。

2000~2019 年，长江流域各区域第一产业增加值均有不同程度下降。长江下游地区第一产业增加值占 GDP 比重由 12.24% 下降为 3.90%；长江中游地区第一产业增加值占 GDP 比重由 20.32% 下降为 8.60%；长江上游地区第一产业增加值占 GDP 比重由 22.75% 下降为 10.90%。

2000 年以来，长江流域各地区第一产业增加值占 GDP 比重呈下降趋势。2013 年以后，长江上游地区第一产业增加值占 GDP 比重下降速度低于长江中游地区和长江下游地区（见图 6-6），说明长江上游地区第一产业仍占有较大比重。

表6-8　2000～2019年长江流域各地区第一产业增加值

年份	全国（亿元）	长江下游地区（亿元）	长江中游地区（亿元）	长江上游地区（亿元）	长江流域均值（亿元）	长江流域总增加值（亿元）	长江流域总增加值占全国增加值比例（%）	长江上游地区增加值占长江流域增加值比例（%）	长江上游地区增加值占全国增加值比例（%）
2000	14717.40	2510.72	1932.36	1935.83	2126.30	6378.91	43.34	30.35	13.15
2001	15502.50	2613.15	2023.90	1999.42	2212.16	6636.47	42.81	30.13	12.90
2002	16190.20	2673.91	2090.23	2094.73	2286.29	6858.87	42.36	30.54	12.94
2003	16970.20	2657.80	2244.82	2266.18	2389.60	7168.80	42.24	31.61	13.35
2004	20904.30	3160.51	2887.64	2764.02	2937.39	8812.17	42.15	31.37	13.22
2005	21806.70	3401.15	3083.65	2983.29	3156.03	9468.09	43.42	31.51	13.68
2006	23317.00	3592.57	3258.78	3164.27	3338.54	10015.62	42.95	31.59	13.57
2007	27674.10	4104.28	3910.29	3798.12	3937.56	11812.69	42.69	32.15	13.72
2008	32464.10	4725.31	4847.78	4510.34	4694.48	14083.43	43.38	32.03	13.89
2009	33583.80	5034.21	4864.25	4465.28	4787.91	14363.74	42.77	31.09	13.30
2010	38430.80	5743.83	5679.48	4901.68	5441.66	16324.99	42.48	30.03	12.75
2011	44781.50	6788.06	6728.40	5965.26	6493.91	19481.72	43.50	30.62	13.32
2012	49084.60	7392.70	7373.21	6783.68	7183.20	21549.59	43.90	31.48	13.82
2013	53028.10	7908.07	7833.88	7366.74	7702.90	23108.69	43.58	31.88	13.89

续表

年份	全国（亿元）	长江下游地区（亿元）	长江中游地区（亿元）	长江上游地区（亿元）	长江流域均值（亿元）	长江流域增加总值（亿元）	长江流域总增加值占全国增加值比例（%）	长江上游地区增加值占长江流域增加增值比例（%）	长江上游地区增加值占全国增加值比例（%）
2014	55626.30	7928.16	8009.36	7862.60	7933.37	23800.12	42.79	33.04	14.13
2015	57774.60	8385.47	8414.44	8523.84	8441.25	25323.75	43.83	33.66	14.75
2016	60139.20	8719.55	9142.23	9273.87	9045.22	27135.65	45.12	34.18	15.42
2017	62099.50	8672.13	8362.62	9909.08	8981.28	26943.83	43.39	36.78	15.96
2018	64745.20	8851.49	8509.68	10460.72	9273.96	27821.89	42.97	37.60	16.16
2019	70466.70	9413.26	9513.64	11676.80	10201.23	30603.70	43.43	38.15	16.57

资料来源：中经网统计数据库—分省宏观年度库。

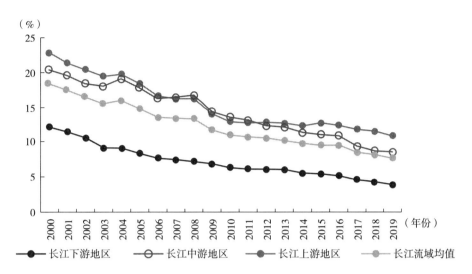

图 6-6　2000~2019 年长江流域各地区第一产业增加值占 GDP 比重

资料来源：中经网统计数据库—分省宏观年度库。

3. 第二产业增加值及比重

2000 年以来，长江流域第二产业增加值逐年提高，2011 年增加值超过 10 万亿元，2019 年达到 182341.74 亿元。长江流域第二产业增加值总值占全国比例均在 40%以上，2019 年这一比例高达 47.22%。并且，长江上游地区第二产业增加值均低于长江流域第二产业增加值均值。长江上游地区第二产业增加值占流域总增加值比例总体上有所提高，2000~2019 年，由 18.94%提升到 22.42%，提升幅度较小。长江上游地区第二产业增加值占全国第二产业总增加值比例总体上也有所提高，2000~2019 年，由 7.86%提升到 10.59%，提升幅度较小（见表 6-9）。

2000~2019 年，长江流域各区域第二产业增加值均有不同程度的下降。长江下游地区第二产业增加值占 GDP 比重由 48.66%下降为 32.08%；长江中游地区第二产业增加值占 GDP 比重由 41.41%下降为 41.17%；长江上游地区第二产业增加值占 GDP 比重由 41.49%下降为 36.98%。

2000~2009 年，长江流域各区域第二产业增加值比重处于平稳发展状态，2010 年以后，各地区均呈下降趋势（见图 6-7）。

表6-9 2000~2019年长江流域各地区第二产业增加值

年份	全国（亿元）	长江下游地区（亿元）	长江中游地区（亿元）	长江上游地区（亿元）	长江流域均值（亿元）	长江流域总增加值（亿元）	长江流域总增加值占全国增加值比例（%）	长江上游地区增加值占长江流域增加值比例（%）	长江上游地区增加值占全国增加值比例（%）
2000	45663.70	11079.35	4286.32	3589.09	6318.25	18954.76	41.51	18.94	7.86
2001	49659.40	12138.06	4674.78	3785.75	6866.20	20598.59	41.48	18.38	7.62
2002	54104.10	13649.88	5135.02	4236.15	7673.68	23021.05	42.55	18.40	7.83
2003	62695.80	16639.43	5602.17	4891.96	9044.52	27133.56	43.28	18.03	7.80
2004	74285.00	20719.15	6804.82	5900.09	11141.35	33424.06	44.99	17.65	7.94
2005	88082.20	24195.27	7324.19	6585.74	12701.73	38105.20	43.26	17.28	7.48
2006	104359.20	28436.91	8837.52	7969.54	15081.32	45243.97	43.35	17.61	7.64
2007	126630.50	33422.48	10724.04	9732.75	17959.76	53879.27	42.55	18.06	7.69
2008	149952.90	38617.41	13311.57	12083.17	21337.38	64012.15	42.69	18.88	8.06
2009	160168.80	41381.86	15644.72	14219.79	23748.79	71246.37	44.48	19.96	8.88
2010	191626.50	49706.80	20233.31	18054.85	29331.65	87994.96	45.92	20.52	9.42
2011	227035.10	57996.13	25568.48	22546.82	35370.48	106111.43	46.74	21.25	9.93
2012	244639.10	61697.88	28642.11	25405.20	38581.73	115745.19	47.31	21.95	10.38
2013	261951.60	65972.41	31360.29	28148.47	41827.06	125481.17	47.90	22.43	10.75

续表

年份	全国（亿元）	长江下游地区（亿元）	长江中游地区（亿元）	长江上游地区（亿元）	长江流域均值（亿元）	长江流域总增加值（亿元）	长江流域总增加值占全国增加值比例（%）	长江上游地区增加值占长江流域增加值比例（%）	长江上游地区增加值占全国增加值比例（%）
2014	277282.80	69274.94	33582.39	29630.73	44162.69	132488.06	47.78	22.36	10.69
2015	281338.90	70693.95	34725.95	29881.40	45100.43	135301.30	48.09	22.09	10.62
2016	295427.80	76041.97	36825.09	31707.53	48191.53	144574.59	48.94	21.93	10.73
2017	331580.50	83055.90	39215.22	34545.85	52272.32	156816.97	47.29	22.03	10.42
2018	364835.20	90090.46	41559.14	37159.97	56269.86	168809.57	46.27	22.01	10.19
2019	386165.30	96474.17	44985.40	40882.17	60780.58	182341.74	47.22	22.42	10.59

资料来源：中经网统计数据库—分省宏观年度库。

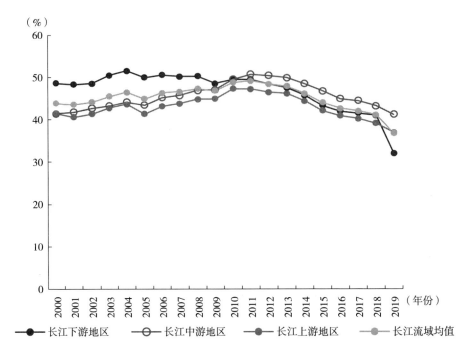

图 6-7　2000~2019 年长江流域各地区第二产业增加值占 GDP 比重

资料来源：中经网统计数据库——分省宏观年度库。

4. 第三产业增加值及比重

2000 年以来，长江流域第三产业增加值逐年提高，2005 年超过 3 万亿元，2008 年超过 5 万亿元，2013 年超过 10 万亿元，2018 年超过 20 万亿元。长江流域第三产业增加值总值占全国比例在 40% 左右，2019 年，这一比例高达 45.83%。并且，长江上游地区第三产业增加值均低于流域第三产业增加值均值。长江上游地区第三产业增加值占流域总增加值比例总体上有所提高，2000~2019 年，由 19.64% 提升到 23.55%，提升幅度较小。长江上游地区第三产业增加值占全国第三产业总增加值比例总体上也有所提高，2000~2019 年，由 7.58% 提升到 10.79%，提升幅度较小（见表 6-10）。

2000~2019 年，长江流域各区域第三产业增加值均有不同程度上升。长江下游地区第三产业增加值占 GDP 比重由 39.11% 上升为 57.20%；长江中游地区第三产业增加值占 GDP 比重由 38.26% 上升为 50.23%；长江上游地区第三产业增加值占 GDP 比重由 35.77% 上升为 52.13%（见表 6-11）。

表6-10　2000~2019年长江流域各地区第三产业增加值

年份	全国（亿元）	长江下游地区（亿元）	长江中游地区（亿元）	长江上游地区（亿元）	长江流域均值（亿元）	长江流域总增加值（亿元）	长江流域总增加值占全国增加值比例（%）	长江上游地区增加值占长江流域增加值比例（%）	长江上游地区增加值占全国增加值比例（%）
2000	39899.10	8618.38	3752.59	3023.29	5131.42	15394.26	38.58	19.64	7.58
2001	45701.20	9749.82	4122.28	3545.97	5806.02	17418.07	38.11	20.36	7.76
2002	51423.10	11081.82	4541.80	3932.90	6518.84	19556.52	38.03	20.11	7.65
2003	57756.00	12781.79	5023.91	4370.14	7391.95	22175.84	38.40	19.71	7.57
2004	66650.90	15029.46	5725.66	5108.68	8621.27	25863.80	38.80	19.75	7.66
2005	77430.00	18676.39	6680.40	6338.52	10565.10	31695.31	40.93	20.00	8.19
2006	91762.20	21873.22	7724.44	7284.29	12293.98	36881.95	40.19	19.75	7.94
2007	115787.70	26547.86	9296.60	8580.15	14808.20	44424.61	38.37	19.31	7.41
2008	136827.50	31029.14	10808.00	10042.90	17293.35	51880.04	37.92	19.36	7.34
2009	154765.10	36140.85	13167.00	12078.65	20462.17	61386.50	39.66	19.68	7.80
2010	182061.90	43222.46	15544.04	13980.87	24249.12	72747.37	39.96	19.22	7.68
2011	216123.60	51141.25	18707.76	17120.93	28989.98	86969.94	40.24	19.69	7.92
2012	244856.20	57026.74	21338.24	20255.19	32873.39	98620.17	40.28	20.54	8.27
2013	277983.50	63490.75	24314.49	23129.95	36978.40	110935.19	39.91	20.85	8.32

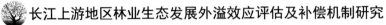

续表

年份	全国（亿元）	长江下游地区（亿元）	长江中游地区（亿元）	长江上游地区（亿元）	长江流域均值（亿元）	长江流域总增加值（亿元）	长江流域总增加值占全国增加值比例（%）	长江上游地区增加值占长江流域增加值比例（%）	长江上游地区增加值占全国增加值比例（%）
2014	310654.00	72475.40	28539.42	27386.91	42800.58	128401.73	41.33	21.33	8.82
2015	349744.70	81052.53	32035.79	31486.86	48191.73	144575.18	41.34	21.78	9.00
2016	390828.10	92464.39	36748.43	36258.88	55157.23	165471.70	42.34	21.91	9.28
2017	438355.90	103561.00	41809.52	41867.27	62412.59	187237.77	42.71	22.36	9.55
2018	489700.80	120485.50	50999.32	51878.81	74454.55	223363.65	45.61	23.23	10.59
2019	534233.10	131365.20	55838.89	57655.69	81619.93	244859.79	45.83	23.55	10.79

资料来源：中经网统计数据库—分省宏观年度库。

表6-11　2000~2019年长江流域各地区三次产业增加值占GDP比重

单位:%

指标	地区	2000年	2001年	2002年	2003年	2004年	2005年	2006年	2007年	2008年	2009年
第一产业增加值占GDP比重	长江下游地区	12.24	11.55	10.68	9.15	9.12	8.38	7.65	7.38	7.20	6.85
	长江中游地区	20.32	19.60	18.53	17.89	19.04	18.03	16.47	16.37	16.70	14.47
	长江上游地区	22.75	21.47	20.47	19.52	19.72	18.28	16.65	16.25	16.13	14.13
	长江流域均值	18.43	17.54	16.56	15.52	15.96	14.89	13.59	13.33	13.34	11.81
第二产业增加值占GDP比重	长江下游地区	48.66	48.38	48.55	50.49	51.58	49.98	50.55	50.23	50.25	48.58
	长江中游地区	41.41	41.77	42.67	43.27	44.19	43.43	45.23	45.77	46.90	47.10
	长江上游地区	41.49	40.62	41.33	42.76	43.66	41.38	43.13	43.83	44.83	44.95
	长江流域均值	43.85	43.59	44.18	45.51	46.48	44.93	46.30	46.61	47.33	46.88
第三产业增加值占GDP比重	长江下游地区	39.11	40.07	40.77	40.35	39.31	41.65	41.80	42.43	42.55	44.63
	长江中游地区	38.26	38.60	38.79	38.82	36.77	38.53	38.30	37.93	36.40	38.47
	长江上游地区	35.77	37.91	38.19	37.73	36.62	40.35	40.23	39.95	39.05	40.90
	长江流域均值	37.71	38.86	39.25	38.97	37.57	40.18	40.11	40.10	39.33	41.33

指标	地区	2010年	2011年	2012年	2013年	2014年	2015年	2016年	2017年	2018年	2019年
第一产业增加值占GDP比重	长江下游地区	6.43	6.25	6.11	5.98	5.50	5.39	5.09	4.59	4.25	3.90
	长江中游地区	13.57	13.03	12.70	12.20	11.32	11.11	10.95	9.32	8.69	8.60
	长江上游地区	12.98	12.80	12.78	12.53	12.29	12.57	12.45	11.85	11.55	10.90
	长江流域均值	10.99	10.69	10.53	10.23	9.70	9.69	9.49	8.59	8.16	7.80

续表

指标	地区	2010 年	2011 年	2012 年	2013 年	2014 年	2015 年	2016 年	2017 年	2018 年	2019 年
第二产业增加值占 GDP 比重	长江下游地区	49.58	49.53	48.42	47.53	45.73	43.31	41.96	41.49	41.00	32.08
	长江中游地区	49.53	50.73	50.45	49.93	48.53	46.77	44.96	44.45	43.24	41.17
	长江上游地区	47.30	47.23	46.50	46.18	44.39	42.08	40.87	40.23	39.09	36.98
	长江流域均值	48.80	49.16	48.46	47.88	46.22	44.05	42.60	42.06	41.11	36.74
第三产业增加值占 GDP 比重	长江下游地区	44.03	44.20	45.47	46.50	48.77	51.31	52.96	53.92	54.74	57.20
	长江中游地区	36.87	36.23	36.85	37.83	40.15	42.12	44.09	46.22	48.07	50.23
	长江上游地区	39.70	40.00	40.73	41.25	43.32	45.35	46.68	47.93	49.35	52.13
	长江流域均值	40.20	40.14	41.02	41.86	44.08	46.26	47.91	49.36	50.72	53.19

资料来源：中经网统计数据库—分省宏观年度库。

2000~2007 年，长江流域各地区第三产业增加值占 GDP 比重处于平稳发展状态，2010 年以后，基本呈上升趋势（见图 6-8）。

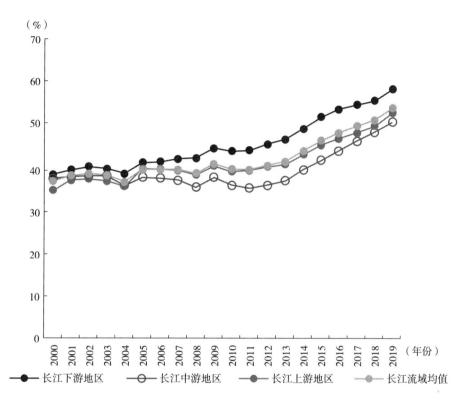

图 6-8　2000~2019 年长江流域各地区第三产业增加值占 GDP 比重

资料来源：中经网统计数据库—分省宏观年度库。

三、农、林、牧、渔业

2000 年以来，长江流域农、林、牧、渔业总产值逐年提高，但绝大多数年份，长江上游地区的农、林、牧、渔业总产值在长江流域均值之下，2017 年以后，逐渐高于长江流域均值。长江流域农、林、牧、渔业总产值占全国比例在 40% 左右。2000~2019 年，长江上游地区农、林、牧、渔业总产值占流域比例由 28.08% 上升为 36.69%，长江上游地区农、林、牧、渔业总产值占全国比例由 11.72% 上升为 15.37%（见表 6-12）。

表 6-12　2000~2019 年长江流域各地区农、林、牧、渔业总产值

年份	全国 （亿元）	长江 下游地区 （亿元）	长江 中游地区 （亿元）	长江 上游地区 （亿元）	长江 流域均值 （亿元）	长江流域 总产值 （亿元）	长江流域 占全国 比例 （%）	长江上游 地区占 长江流域 比例（%）	长江上游 地区占 全国比例 （%）
2000	24915.77	4369.06	3107.60	2919.75	3465.47	10396.41	41.73	28.08	11.72
2001	26179.64	4549.75	3246.17	3020.14	3605.35	10816.06	41.31	27.92	11.54
2002	27390.75	4686.87	3347.77	3230.47	3755.04	11265.11	41.13	28.68	11.79
2003	29691.83	4688.89	3636.68	3539.11	3954.89	11864.68	39.96	29.83	11.92
2004	36238.99	5643.21	4663.71	4354.91	4887.28	14661.83	40.46	29.70	12.02
2005	39450.89	5904.84	4974.81	4760.07	5213.24	15639.72	39.64	30.44	12.07
2006	40810.83	6238.56	5231.23	5059.72	5509.84	16529.51	40.50	30.61	12.40
2007	48651.77	6987.94	6355.96	6126.45	6490.12	19470.35	40.02	31.47	12.59
2008	57420.77	8097.51	7945.48	7213.10	7752.03	23256.09	40.50	31.02	12.56
2009	59311.32	8542.03	7926.89	7184.31	7884.41	23653.23	39.88	30.37	12.11
2010	67763.13	9712.48	9190.04	7911.29	8937.94	26813.81	39.57	29.50	11.67
2011	78836.98	11546.59	10968.37	9670.01	10728.32	32184.97	40.82	30.05	12.27
2012	86342.15	12517.50	12035.48	10951.98	11834.99	35504.96	41.12	30.85	12.68
2013	93173.70	13328.14	12782.49	11853.07	12654.57	37963.70	40.75	31.22	12.72
2014	97822.51	13833.91	13484.20	12864.88	13394.33	40182.99	41.08	32.02	13.15
2015	101893.50	14657.62	14218.41	14237.75	14371.26	43113.78	42.31	33.02	13.97
2016	106478.70	15321.74	15490.56	15529.67	15447.32	46341.97	43.52	33.51	14.58
2017	109331.70	15145.12	14412.21	16144.81	15234.05	45702.14	41.80	35.33	14.77
2018	113579.50	15312.00	14718.02	16976.46	15668.83	47006.48	41.39	36.12	14.95
2019	123967.90	16305.30	16568.30	19051.84	17308.48	51925.44	41.89	36.69	15.37

资料来源：中经网统计数据库—分省宏观年度库。

第五节　林业产业发展

2000 年以来，长江流域农、林、牧、渔业各行业总产值均有不同程度的提高，其中，从增长速度来看，农业总产值快于林业总产值、畜牧业总

产值和渔业总产值。2000～2019 年，林业总产值由 127.74 亿元上升到 1156.24 亿元（见表6-13）。

表6-13　2000～2019 年长江上游地区农、林、牧、渔业总产值

单位：亿元

年份	农业总产值	林业总产值	畜牧业总产值	渔业总产值
2000	1726.09	127.74	995.69	70.24
2001	1731.61	124.34	1088.52	75.67
2002	1795.77	139.81	1211.41	83.51
2003	1784.20	172.88	1391.99	94.31
2004	2155.26	190.78	1802.78	113.16
2005	2290.35	219.35	2013.57	134.67
2006	2400.80	267.50	2128.25	147.77
2007	2794.08	297.16	2761.55	138.68
2008	3318.71	335.77	3242.11	163.44
2009	3681.07	379.71	2755.43	196.34
2010	4205.55	368.54	2924.68	218.92
2011	4985.50	460.52	3742.68	257.93
2012	5869.75	475.00	4058.28	300.07
2013	6449.18	590.57	4195.59	340.02
2014	7174.64	652.29	4350.27	32.43
2015	7983.24	721.08	4754.67	423.01
2016	8695.03	817.89	5118.19	472.18
2017	9229.40	1042.30	4897.44	477.52
2018	9969.84	1110.06	4849.52	501.35
2019	11008.36	1156.24	5757.73	531.89

资料来源：中经网统计数据库—分省宏观年度库。

2010～2017 年，林业总产值中，涉林产业和林业系统非林产业比重发生了一定变化，涉林产业比重逐渐减少，而林业系统非林产业比重逐渐增加。长江上游地区各省份之间的林业产业发展水平也存在一定差异：从林业总产值来看，2015 年以前，四川高于云南、贵州和重庆；从发展趋势看，四川、云南、重庆均呈现均匀增长趋势，贵州在2015 年以后出现快速增长趋势；贵州和四川的林业系统非林产业比重增长较快（见表6-14）。

表6-14 2010～2017年长江上游地区各省份林业总产值构成情况

指标	地区	2010年	2011年	2012年	2013年	2014年	2015年	2016年	2017年
林业总产值（亿元）	重庆	3265221	4046717	4494411	5219083	6621930	8216196	10551966	12605922
	四川	14440422	17456693	20302262	23357763	26643488	30603257	34022665	37408252
	贵州	3406879	4010168	5034591	6100373	8102745	10000809	23346120	30000000
	云南	6893883	8855547	11704317	13296395	15044874	17055075	19555370	22207951
	上游地区	28006405	34369125	41535581	47973614	56413037	65875337	87476121	102322125
涉林产业产值（亿元）	重庆	3175103	3868015	4296288	4989877	6408850	7968790	10287694	12294918
	四川	13668769	16855459	19348349	22525705	25154431	28485215	31692812	34599143
	贵州	3013237	3926740	4892720	6011580	7749955	9510286	22154475	27476408
	云南	6521189	8545234	11235039	12768378	14364968	16419227	18740910	20921806
	上游地区	26378298	33195448	39772396	46295540	53678204	62383518	82875891	95292275
涉林产业比重（%）		94.1867	96.5851	95.7550	96.5021	95.1521	94.6994	94.7412	93.1297
林业系统非林产业（亿元）	重庆	90118	178702	198123	229206	213080	247406	264272	311004
	四川	771653	601234	953913	832058	1489057	2118042	2329853	2799109
	贵州	393642	83428	141871	88793	352790	490523	1191645	2623592
	云南	372694	310313	469278	528017	679906	635848	814460	1286145
	上游地区	1628107	1173677	1763185	1678074	2734833	3491819	4600230	7019850
林业系统非林产业比重（%）		5.8133	3.4149	4.2450	3.4979	4.8479	5.3006	5.2588	6.8605

资料来源：历年《中国林业统计年鉴》。

2010～2017 年，从林业产值来看，长江上游地区林业第一产业、第二产业、第三产业产值均有不同程度的提高。从产值比例来看，林业第一产业产值比重、第二产业产值比重逐渐下降，第三产业产值比重逐渐提高（见表6-15）。

表 6-15　2010～2017 年长江上游地区林业总产值构成基本情况

年份	林业总产值（亿元）	林业第一产业		林业第二产业		林业第三产业	
		产值（亿元）	比重（%）	产值（亿元）	比重（%）	产值（亿元）	比重（%）
2010	28006405	14083122	50.2854	8613922	30.757	5309361	18.9577
2011	34369125	16804796	48.895	10217802	29.7296	7346527	21.3754
2012	41535581	20240108	48.7296	12330626	29.6869	8964847	21.5835
2013	47973614	22612772	47.1359	13895446	28.9648	11465396	23.8994
2014	56413037	26383184	46.7679	15873737	28.1384	14156116	25.0937
2015	65875337	30242976	45.9094	17934228	27.2245	17698133	26.8661
2016	87476121	36960479	42.2521	21333453	24.3877	29182189	33.3602
2017	102322125	41888881	40.9382	23587821	23.0525	36845423	36.0092

资料来源：历年《中国林业统计年鉴》。

第六节　生态资源环境

一、森林覆盖率

长江流域森林覆盖率均值由 2003 年的 28.32% 上升为 2018 年的 41.49%。其中，长江上游地区的森林覆盖率由 2003 年的 25.05% 上升为 44.99%；长江中游地区的森林覆盖率由 2003 年的 39.42% 上升为 50.15%；长江下游地区的森林覆盖率由 2003 年的 20.48% 上升为 29.33%；各区域均有较大程度的提高（见表6-16）。

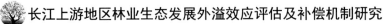

表 6-16　2003～2018 年长江流域各区域森林覆盖率情况　　　单位:%

年份	森林覆盖率均值	长江下游地区	长江中游地区	长江上游地区
2003	28.32	20.48	39.42	25.05
2004	30.88	22.29	41.09	29.28
2005	30.88	22.29	41.09	29.28
2006	30.88	22.29	41.09	29.28
2007	30.88	22.29	41.09	29.28
2008	30.88	22.29	41.09	29.28
2009	35.88	25.84	44.74	37.07
2010	35.88	25.84	44.74	37.07
2011	35.88	25.84	44.74	37.07
2012	35.88	25.84	44.74	37.07
2013	39.07	28.29	48.73	40.19
2014	39.07	28.29	48.73	40.19
2015	39.07	28.29	48.73	40.19
2016	39.07	28.29	48.73	40.19
2017	39.07	28.29	48.73	40.19
2018	41.49	29.33	50.15	44.99

资料来源：中经网统计数据库—分省宏观年度库。

二、林地面积与森林面积

2003 年以来，从林地总面积来看，长江流域林地面积有所增长，增长总量为 660 万公顷，长江上游地区增长 257.4 万公顷，长江中游地区增长 230.5 万公顷，长江下游地区增长 174.4 万公顷，主要增长区域为长江上游地区。从比重来看，2018 年，长江上游地区林地面积占流域比重为 58.69%，中游地区所占比重为 29.45%，下游地区所占比重为 11.86%。长江上游地区、中游地区、下游地区林地面积所占比重出现了一定变化，但总体比例变化不大。从长江流域林地面积均值来看，长江上游地区林地面积远远大于长江流域林地面积均值，长江下游地区和长江中游地区林地面积小于长江流域林地面积均值，长江上游地区林地面积远远大于长江中游地区和长江下游地区林地面积（见表6-17）。

表6-17　2003~2018年长江流域林地面积情况

年份	长江流域林地面积（千公顷）	长江流域林地面积均值（千公顷）	长江下游地区（千公顷）	长江中游地区（千公顷）	长江上游地区（千公顷）	长江下游地区所占比重（%）	长江中游地区所占比重（%）	长江上游地区所占比重（%）
2003	102492.2	34164.0667	11199.0	29830.7	61462.5	10.93	29.11	59.97
2004	99708.0	33236.000	11692.4	29821.1	58194.5	11.73	29.91	58.36
2005	99708.0	33236.000	11692.4	29821.1	58194.5	11.73	29.91	58.36
2006	99708.0	33236.000	11692.4	29821.1	58194.5	11.73	29.91	58.36
2007	99708.0	33236.000	11692.4	29821.1	58194.5	11.73	29.91	58.36
2008	99708.0	33236.000	11692.4	29821.1	58194.5	11.73	29.91	58.36
2009	103837.9	34612.6333	12434.7	31111.4	60291.8	11.98	29.96	58.06
2010	103837.9	34612.6333	12434.7	31111.4	60291.8	11.98	29.96	58.06
2011	103837.9	34612.6333	12434.7	31111.4	60291.8	11.98	29.96	58.06
2012	103837.9	34612.6333	12434.7	31111.4	60291.8	11.98	29.96	58.06
2013	105594.4	35198.1333	12903.5	31722.9	60968.0	12.22	30.04	57.74
2014	105594.4	35198.1333	12903.5	31722.9	60968.0	12.22	30.04	57.74
2015	105594.4	35198.1333	12903.5	31722.9	60968.0	12.22	30.04	57.74
2016	105594.4	35198.1333	12903.5	31722.9	60968.0	12.22	30.04	57.74
2017	105594.4	35198.1333	12903.5	31722.9	60968.0	12.22	30.04	57.74
2018	109114.8	36371.600	12942.7	32135.8	64036.3	11.86	29.45	58.69

资料来源：中经网统计数据库—分省宏观年度库。

2003年以来，从森林总面积来看，长江流域森林面积有所增长，增长总量为2800万公顷，长江上游地区增长1904万公顷，长江中游地区增长613万公顷，长江下游地区增长283万公顷，主要增长区域为长江上游地区。从比重来看，2018年，长江上游地区森林面积占流域比重为56.06%，长江中游地区所占比重为31.06%，长江下游地区所占比重为12.88%。长江上游地区、中游地区、下游地区森林面积所占比重出现了一定变化，长江上游地区森林面积所占比例逐渐增加，长江中游地区和长江下游地区森林面积均有一定程度的下降。从长江流域森林面积均值来看，长江上游地区森林面积远远大于长江流域森林面积均值，长江下游地区和长江中游地区森林面积小于长江流域森林面临均值，长江上游地区森林面积远远大于长江中游地区和长江下游地区森林面积（见表6-18）。

表6-18 2003~2018年长江流域森林面积情况

年份	长江流域森林面积（万公顷）	长江流域森林面积均值（万公顷）	长江下游地区（万公顷）	长江中游地区（万公顷）	长江上游地区（万公顷）	长江下游地区所占比重（%）	长江中游地区所占比重（%）	长江上游地区所占比重（%）
2003	6247.20	2082.40	882.65	2196.59	3167.96	14.13	35.16	50.71
2004	6882.96	2294.32	965.21	2289.73	3628.02	14.02	33.27	52.71
2005	6882.96	2294.32	965.21	2289.73	3628.02	14.02	33.27	52.71
2006	6882.96	2294.32	965.21	2289.73	3628.02	14.02	33.27	52.71
2007	6882.96	2294.32	965.21	2289.73	3628.02	14.02	33.27	52.71
2008	6882.96	2294.32	965.21	2289.73	3628.02	14.02	33.27	52.71
2009	7879.68	2626.56	1057.97	2500.62	4321.09	13.43	31.74	54.84
2010	7879.68	2626.56	1057.97	2500.62	4321.09	13.43	31.74	54.84
2011	7879.68	2626.56	1057.97	2500.62	4321.09	13.43	31.74	54.84
2012	7879.68	2626.56	1057.97	2500.62	4321.09	13.43	31.74	54.84
2013	8466.02	2822.01	1150.69	2727.61	4587.72	13.59	32.22	54.19
2014	8466.02	2822.01	1150.69	2727.61	4587.72	13.59	32.22	54.19
2015	8466.02	2822.01	1150.69	2727.61	4587.72	13.59	32.22	54.19
2016	8466.02	2822.01	1150.69	2727.61	4587.72	13.59	32.22	54.19
2017	8466.02	2822.01	1150.69	2727.61	4587.72	13.59	32.22	54.19
2018	9047.53	3015.84	1165.73	2809.87	5071.93	12.88	31.06	56.06

资料来源：中经网统计数据库—分省宏观年度库。

三、森林蓄积量与活立木总蓄积量

2003年以来，从森林蓄积量来看，长江流域森林蓄积量有所增长，增长总量为257702.7万立方米，长江上游地区增长147748万立方米，长江中游地区增长72466.8万立方米，长江下游地区增长37487.8万立方米，主要增长区域为长江上游地区。从比重来看，2018年，长江上游地区森林蓄积量占流域比重为70.48%，长江中游地区森林蓄积量所占比重为20.34%，长江下游地区森林蓄积量所占比重为9.19%。从长江流域森林蓄积量均值来看，长江上游地区森林蓄积量远远大于长江流域森林蓄积量均值，长江下游地区和长江中游地区森林蓄积量小于长江流域森林蓄积量均值，长江上游地区森林蓄积量远远大于长江中游地区和长江下游地区森林蓄积量（见表6-19）。

表6-19　2003~2018年长江流域森林蓄积量情况

年份	长江流域森林蓄积量（万立方米）	长江流域森林蓄积量均值（万立方米）	长江下游地区（万立方米）	长江中游地区（万立方米）	长江上游地区（万立方米）	长江下游地区所占比重（%）	长江中游地区所占比重（%）	长江上游地区所占比重（%）
2003	371208.0	123736.0	20307.47	55422.66	295477.9	5.47	14.93	79.60
2004	414381.9	138127.3	24226.26	74446.30	315709.3	5.85	17.97	76.19
2005	414381.9	138127.3	24226.26	74446.30	315709.3	5.85	17.97	76.19
2006	414381.9	138127.3	24226.26	74446.30	315709.3	5.85	17.97	76.19
2007	414381.9	138127.3	24226.26	74446.30	315709.3	5.85	17.97	76.19
2008	414381.9	138127.3	24226.26	74446.30	315709.3	5.85	17.97	76.19
2009	480252.3	160084.1	34581.25	95378.80	350292.3	7.20	19.86	72.94
2010	480252.3	160084.1	34581.25	95378.80	350292.3	7.20	19.86	72.94
2011	480252.3	160084.1	34581.25	95378.80	350292.3	7.20	19.86	72.94
2012	480252.3	160084.1	34581.25	95378.80	350292.3	7.20	19.86	72.94
2013	531041.2	177013.7	46410.95	102592.90	382037.4	8.74	19.32	71.94
2014	531041.2	177013.7	46410.95	102592.90	382037.4	8.74	19.32	71.94

续表

年份	长江流域森林蓄积量（万立方米）	长江流域森林蓄积量均值（万立方米）	长江下游地区（万立方米）	长江中游地区（万立方米）	长江上游地区（万立方米）	长江下游地区所占比重（%）	长江中游地区所占比重（%）	长江上游地区所占比重（%）
2015	531041.2	177013.7	46410.95	102592.90	382037.4	8.74	19.32	71.94
2016	531041.2	177013.7	46410.95	102592.90	382037.4	8.74	19.32	71.94
2017	531041.2	177013.7	46410.95	102592.90	382037.4	8.74	19.32	71.94
2018	628910.7	209636.9	57795.29	127889.50	443225.9	9.19	20.34	70.48

资料来源：中经网统计数据库—分省宏观年度库。

　　2003 年以来，从活立木总蓄积量来看，长江流域活立木总蓄积量有所增长，增长总量为 273427.3 万立方米，长江上游地区增长 154808.9 万立方米，长江中游地区增长 77683.3 万立方米，长江下游地区增长 40935.1 万立方米，主要增长区域为长江上游地区。从比重来看，2018 年，长江上游地区活立木总蓄积量占流域比重为 69.43%，长江中游地区所占比重为 20.75%，长江下游地区所占比重为 9.82%。从流域活立木总蓄积量均值来看，长江上游地区活立木总蓄积量远远大于长江流域活立木总蓄积量均值，长江下游地区和长江中游地区活立木总蓄积量小于长江流域活立木总蓄积量均值，长江上游地区活立木总蓄积量远远大于长江中游地区和长江下游地区活立木总蓄积量（见表 6-20）。

表6-20　2003~2018年长江流域活立木总蓄积量情况

年份	长江流域总蓄积量（万立方米）	长江流域总蓄积量均值（万立方米）	长江下游地区（万立方米）	长江中游地区（万立方米）	长江上游地区（万立方米）	长江下游地区所占比重（%）	长江中游地区所占比重（%）	长江上游地区所占比重（%）
2003	416985.2	138995.1	26868.78	65601.82	324514.6	6.44	15.73	77.82
2004	460564.7	153521.6	30820.97	85164.99	344578.7	6.69	18.49	74.82
2005	460564.7	153521.6	30820.97	85164.99	344578.7	6.69	18.49	74.82
2006	460564.7	153521.6	30820.97	85164.99	344578.7	6.69	18.49	74.82

年份	长江流域总蓄积量（万立方米）	长江流域总蓄积量均值（万立方米）	长江下游地区（万立方米）	长江中游地区（万立方米）	长江上游地区（万立方米）	长江下游地区所占比重（%）	长江中游地区所占比重（%）	长江上游地区所占比重（%）
2007	460564.7	153521.6	30820.97	85164.99	344578.7	6.69	18.49	74.82
2008	460564.7	153521.6	30820.97	85164.99	344578.7	6.69	18.49	74.82
2009	528968.7	176322.9	40939.07	106344.30	381685.3	7.74	20.10	72.16
2010	528968.7	176322.9	40939.07	106344.30	381685.3	7.74	20.10	72.16
2011	528968.7	176322.9	40939.07	106344.30	381685.3	7.74	20.10	72.16
2012	528968.7	176322.9	40939.07	106344.30	381685.3	7.74	20.10	72.16
2013	587357.3	195785.8	54776.72	115668.60	416912.0	9.33	19.69	70.98
2014	587357.3	195785.8	54776.72	115668.60	416912.0	9.33	19.69	70.98
2015	587357.3	195785.8	54776.72	115668.60	416912.0	9.33	19.69	70.98
2016	587357.3	195785.8	54776.72	115668.60	416912.0	9.33	19.69	70.98
2017	587357.3	195785.8	54776.72	115668.60	416912.0	9.33	19.69	70.98
2018	690412.5	230137.5	67803.90	143285.10	479323.5	9.82	20.75	69.43

资料来源：中经网统计数据库—分省宏观年度库。

四、造林总面积与人工林面积

2003年以来，长江流域的造林面积经历了下降和提高两个阶段。2003~2006年，造林面积有所下降，2007年以后，造林面积呈波动上升趋势，2018年，长江流域造林面积达到2900082公顷，长江上游地区造林面积1428291公顷，长江中游地区造林面积1223116公顷，长江下游地区造林面积248675公顷，造林面积主要集中于长江上游地区和长江中游地区。从比重来看，2018年，长江上游地区造林总面积占流域比重为49.25%，长江中游地区所占比重为42.18%，长江下游地区所占比重为8.57%。从流域造林总面积均值来看，长江上游地区和长江中游地区的造林总面积远远大于长江流域造林总面积均值，长江下游地区造林总面积小于长江流域造林总面积均值，长江上游地区和长江中游地区的造林总面积远远大于长江下游地区造林总面积（见表6-21）。

表6-21　2003~2018年长江流域造林总面积情况

年份	长江流域造林总面积（公顷）	长江流域造林面积均值（公顷）	长江下游地区（公顷）	长江中游地区（公顷）	长江上游地区（公顷）	长江下游地区所占比重（%）	长江中游地区所占比重（%）	长江上游地区所占比重（%）
2003	3239199	1079733.0	345492	944799	1948908	10.67	29.17	60.17
2004	1587986	529328.7	151038	554357	882591	9.51	34.91	55.58
2005	1171639	390546.3	114950	362014	694675	9.81	30.90	59.29
2006	749279	249759.7	122412	264043	362824	16.34	35.24	48.42
2007	1399244	466414.7	127146	356524	915574	9.09	25.48	65.43
2008	2059909	686636.3	133209	501506	1425194	6.47	24.35	69.19
2009	2218079	739359.7	182138	502835	1533106	8.21	22.67	69.12
2010	2263532	754510.7	151530	606439	1505563	6.69	26.79	66.51
2011	2224656	741552.0	144106	761610	1318940	6.48	34.23	59.29
2012	1898224	632741.3	146218	741462	1010544	7.70	39.06	53.24
2013	2248974	749658.0	280568	749998	1218408	12.48	33.35	54.18
2014	2034545	678181.7	257249	767714	1009582	12.64	37.73	49.62
2015	3160045	1053348.0	356993	1081640	1721412	11.30	34.23	54.47
2016	3026773	1008924.0	218256	1038500	1770017	7.21	34.31	58.48
2017	3417498	1139166.0	228232	1237386	1951880	6.68	36.21	57.11
2018	2900082	966694.0	248675	1223116	1428291	8.57	42.18	49.25

资料来源：中经网统计数据库—分省宏观年度库。

2003年以来，长江流域人工林面积呈上升趋势，2018年，长江流域人工林面积达到3126.20万公顷，增长1215.67万公顷，长江上游地区增长709万公顷，长江中游地区增长324万公顷，长江下游地区增长181.7万公顷，主要增长区域为长江上游地区。从比重来看，2018年，长江上游地区人工林面积占流域比重为 45.46%，长江中游地区人工林面积所占比重为 34.15%，长江下游地区人工林面积所占比重为 20.39%。从长江流域人工林面积均值来看，上游地区的人工林面积远远大于长江流域人工林面积均值，长江中游地区略高于长江流域人工林面积均值，长江下游地区人工林面积小于长江流域人工林面积均值，长江上游地区和长江中游地区的人工林面积远远大于长江下游地区人工林面积（见表 6-22）。

表 6-22　2003~2018 年长江流域人工林面积情况

年份	长江流域人工林总面积（万公顷）	长江流域人工林面积均值（万公顷）	长江下游地区（万公顷）	长江中游地区（万公顷）	长江上游地区（万公顷）	长江下游地区所占比重（%）	长江中游地区所占比重（%）	长江上游地区所占比重（%）
2003	1910.53	636.8433	455.58	742.65	712.3	23.85	38.87	37.28
2004	2169.85	723.2833	517.20	811.54	841.11	23.84	37.40	38.76
2005	2169.85	723.2833	517.20	811.54	841.11	23.84	37.40	38.76
2006	2169.85	723.2833	517.20	811.54	841.11	23.84	37.40	38.76
2007	2169.85	723.2833	517.20	811.54	841.11	23.84	37.40	38.76
2008	2169.85	723.2833	517.20	811.54	841.11	23.84	37.40	38.76
2009	2528.83	842.9433	587.43	922.92	1018.48	23.23	36.50	40.27
2010	2528.83	842.9433	587.43	922.92	1018.48	23.23	36.50	40.27
2011	2528.83	842.9433	587.43	922.92	1018.48	23.23	36.50	40.27
2012	2528.83	842.9433	587.43	922.92	1018.48	23.23	36.50	40.27
2013	2848.51	949.5033	647.23	1008.06	1193.22	22.72	35.39	41.89
2014	2848.51	949.5033	647.23	1008.06	1193.22	22.72	35.39	41.89
2015	2848.51	949.5033	647.23	1008.06	1193.22	22.72	35.39	41.89
2016	2848.51	949.5033	647.23	1008.06	1193.22	22.72	35.39	41.89
2017	2848.51	949.5033	647.23	1008.06	1193.22	22.72	35.39	41.89
2018	3126.20	1042.0670	637.29	1067.63	1421.28	20.39	34.15	45.46

资料来源：中经网统计数据库—分省宏观年度库。

五、林业投资情况

2010 年以来，长江上游地区完成林业投资总额不断提高，2017 年达到 6115120 万元，较 2010 年增长 3029703 万元，增长速度较快。其中，国家投资部分由 2010 年的 1856107 万元增长为 3610668 万元。从历年投资来看，国家投资占完成投资比例均在 60% 左右，国家投资仍是林业投资的最主要主体（见表 6-23）。

林业产业发展、林业支撑与保障、生态建设与保护有不同程度的提高。2017 年，用于林业产业发展的投资金额为 2484896 万元，较 2011 年提高 2009487 万元；用于林业支撑与保障的投资金额为 779707 万元，较 2011 年提高 622991 万元；用于生态建设与保护的投资金额为 2726250 万元，较 2011 年提高 1112485 万元（见表 6-23）。

表 6-23　2010~2017 年长江上游地区林业投资情况　　单位：万元

年份	2010	2011	2012	2013	2014	2015	2016	2017
本年完成投资	3085417	2974200	3520301	3620889	4173340	4541694	4936634	6115120
国家投资	1856107	1790537	2011969	2059194	2251517	2584355	3225061	3610668
国家投资占完成投资比例（%）	60.16	60.20	57.15	56.87	53.95	56.90	65.33	59.04
林业产业发展	—	475409	773669	909231	1326393	1493066	1708619	2484896
林业支撑与保障	—	156716	153781	185349	207601	248461	342353	779707
生态建设与保护	—	1613765	1856549	1907397	2205807	2302306	2583327	2726250
其他林业投资	—	728310	736302	618912	433539	497861	302335	124267

资料来源：中经网统计数据库—分省宏观年度库。

林业投资主要用于林业产业发展、林业支撑与保障、生态建设与保护、其他林业投资四个方面。2011 年以来，长江上游地区用于林业产业发展、生态建设与保护的林业投资增长较快，林业支撑与保障的投资稳步推进，也有较小幅度的增长，其他林业投资则有所下降（见图 6-9）。

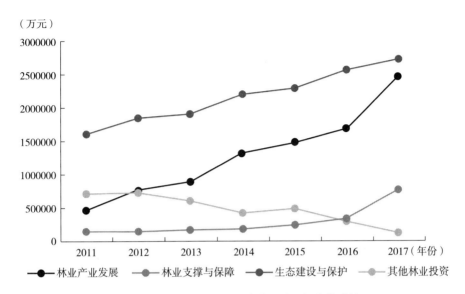

图 6-9 2011~2017 年长江上游地区林业投资构成情况

资料来源：中经网统计数据库—分省宏观年度库。

第七节 本章小结

长江上游地区区域界定：按上、中、下游经济腹地划分，上游地区包括重庆、四川、贵州、云南四省（市），面积约 113.74 万平方千米，占长江经济带总面积的 55.4%。在此章，重点介绍了长江上游地区的地理与自然、人口情况、经济发展、林业产业发展、生态与资源环境等基本情况，为后续开展长江上游地区林业生态发展综合效益分析做好现实条件的基础分析。

第七章

长江上游地区林业生态发展
综合效益分析与评估

林业经营效益是综合效益，主要包括生态效益、经济效益和社会效益（张海涛，2011），理论和实践均证明：生态效益是林业的核心效益。本章重点分析三大效益的构成及对综合效益进行评估，并对三大效益的相互转化与价值实现进行简要分析。

第一节　生态效益

国际生态系统服务付费与我国生态补偿概念大体一致，指生态服务受益者向提供者进行经济补偿。生态服务系统概念第一次出现是在 20 世纪60 年代，随后在 70 年代初，联合国大学发表了《人类对全球环境的影响报告》，首次提出了生态系统服务功能的概念，并列出了自然生态系统的"环境服务功能"（谢高地等，2006；谢高地，2008）。

长江上游地区为规模宏大、具有全球意义的生态脆弱带和全球环境变化的敏感区，是长江经济带"生态优先、绿色发展"战略实施的重点和关键区域（周欣，2019）。一是长江上游通过维护长江上游良好的生态系统和环境条件，发挥其涵养水源、稳定河川径流、保持水土、减少泥沙对水利水电工程的淤积、保育生物多样性、降低有害物质污染等方面的作用（孙鸿烈，2008）。二是长江上游各省份着力推进森林资源保护、退耕还林、自然保护区建设和生态安全屏障建设等重点工程，生态环境得到有力保护，生态建设成效显著（文传浩等，2016）。

一、生态效益构成

林业的生态效益反映的是人们在林业生产经营过程中在环境方面获得的效益，要更好地保证林业结构的发展和生态环境不会受到影响（张立平，2014）。林业生态效益现阶段主要是通过森林生态系统服务功能来评价的。在我国，任何行业部门和研究机构在中华人民共和国范围内开展森林生态系统服务功能监测评估，都要按照国家林业和草原局制订的国家标准《森林生态系统服务功能评估规范》① 进行，其中，森林生态系统服务功能测算评估指标体系如图 7-1 所示。在讨论长江上游地区林业生态系统服务价值的具体体现，也从以下几方面开展：

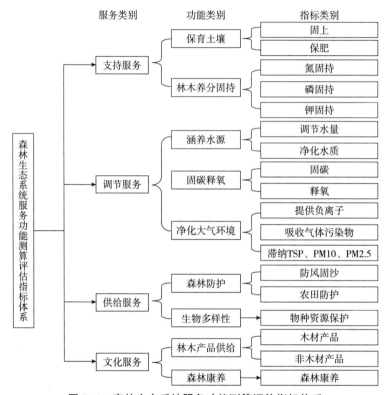

图 7-1　森林生态系统服务功能测算评估指标体系

资料来源：《森林生态系统服务功能评估规范》（GB/T 38582—2020）。

---

① 中华人民共和国国家标准《森林生态系统服务功能评估规范》（GB/T 38582—2020）于 2020 年 3 月 6 日正式发布，并于 2020 年 10 月 1 日正式实施。这是继《森林生态系统长期定位观测方法》（GB/T 33027—2016）和《森林生态系统长期定位观测指标体系》（GB/T 35377—2017）之后，中国森林生态系统长期观测研究与服务功能评估系列国家标准中第三个正式发布的标准。任何行业部门和研究机构在中华人民共和国范围内开展森林生态系统服务功能监测评估，都要按照国家林业和草原局制订的国家标准进行，依据本国家标准开展的评估报告其评估方法和结果的权威性宜取得 CFERN 组织的认证与认可。

1. 支持服务

（1）保育土壤。

长江上游地域辽阔，土壤的区域差异很大，不仅具有水平分异，还有明显的垂直分异。总的分布格局是，长江上游东部地区地带性土壤为黄壤，西部地区主要地带性土壤为高山草甸土。秦巴山地土壤为黄棕壤和棕壤；四川盆地地带性土壤为黄壤，但仅保存于盆地周围以及盆地内部分低山，盆地大部分面积分布的是地域性的岩成紫色土；贵州高原地带性土壤为黄壤，但在广大碳酸盐岩地区发育石灰土；云南高原的中部和东部地带性土壤为红壤，云南高原的北部和川西南地干热河谷则以红褐土为地带性土壤（李双权，2008）。实施天然林保护工程和防护林工程后，植被恢复效果明显，林草覆盖度不断提高，森林生态系统固土保肥作用显现。土壤侵蚀模数迅速降低、土壤容重减小、土壤肥力提高，当地植被的减流减沙效应逐年增强（国政，2011）。

已有研究如下：实施天保工程后，全面停止了对森林的砍伐，减少了人类对环境的破坏，层灌截留、枯落物覆盖、植物根系固土等因素也极大地提高了林地土壤的抗侵蚀能力，减少裸露土地，恢复了土壤肥力，减少了泥沙淤积，保护了天然林资源退化，遏制了水土流失的局面（国政，2011）。正常情况下，每年减少含氮、磷、钾土壤肥力的物质量，天保工程实施前后有机质含量变化不大，林地表层平均土壤有机质（各年度的平均值计算）含量3%、含氮0.24%、含磷0.08%、含钾0.09%（国政，2011）。长江流域防护林单位面积保育土壤价值平均值为0.83元/m²/a（王建忠，2012）。

（2）林木养分固持。

森林通过生化反应，在大气、土壤和降水中吸收氮、磷、钾等营养物质，并贮存在体内器官中。森林积累营养物质功能对降低下游污染及水体富营养化有重要作用。森林积累营养物质效益用"氮固持、磷固持、钾固持"来评价（国家林业局，2008）。林木固氮量、固磷量、固钾量要考虑林木净生产力，其增量为0.15t/hm²，N营养为林木氮元素的含量，参考值为2.8%；P营养为林木磷元素的含量，参考值为0.18%；K营养为林木钾元素的含量，参考值为1.6%（国政，2011）。已有研究如下：长江流域防护林单位面积积累营养物质价值平均值为0.83元/m²/a（王建忠，2012）。

2. 调节服务

(1) 涵养水源。

长江流域水资源量占全国的36%，而长江上游地区水系发达，有金沙江、雅砻江、大渡河、岷江等主要支流，水资源丰富，是长江径流重要的补给地区，上游河川径流量占全流域的48%，占全国的17%左右，决定着整个长江水资源的变化情势。长江上游地区也是全流域和全国水资源保护的核心地区，对全国水资源利用战略决策有重要影响（孙鸿烈，2008）。长江上游分布着大量的天然林，有巨大的涵养水源作用。长江上游各种森林植被类型综合涵养水源能力平均值为83.48mm，各种森林植被类型综合涵养水源能力为21.37～146.0mm。亚热带山地冷杉林综合涵养水源能力最强，为146.60mm，其次为亚热带山地云杉林综合涵养水源能力，为132.41mm，温带亚热带落叶阔叶杨桦林最小，为21.37mm（李双权，2008）。

从涵养水源总量分析，森林生态系统综合水源涵养能力中土壤系统和枯落物系统涵养水源量占了绝大部分比例，土壤非毛管空隙对森林水源涵养能力具有决定性作用。已有研究如下：长江上游森林生态系统综合水源涵养总量为324.12亿t（李双权，2008）。单位面积涵养水源价值分布大致呈现自西向东递增的趋势，基本与该流域范围内降雨量分布一致（王建忠，2012）。据研究，森林可以消耗降雨量的70%～80%，其中林冠截留为8%，森林植被吸收为23%，森林枯落物拦截和林下土壤蓄水为45%（国政，2011）。

(2) 固碳释氧。

长江上游地区植被类型复杂多样。按地域水平分异特征，包括不同的地带性植被类型，如西部江源草甸草原与草甸、川西暗针叶林、川西南滇北亚热带偏干常绿阔叶林、亚热带偏湿常绿阔叶林、横断山北部温带阔叶林，以及四川盆地以农业植被为主的植被类型（李双权，2008）。例如，天保工程实施以后，被破坏的森林生态系统得到休养生息，森林每年的固碳增量主要来源于林木蓄积生长量、枝叶及树根的生长量（国政，2011）。森林固碳增量价值的核算方法采用蓄积量法。相关研究测算结果表明：每立方米木材的含碳量按 $0.2t/m^3$ 计算。枝叶和树根的生物量约为树干生物量的30%，其含碳量也应为树干含碳量的30%（国政，2011）。森林土壤也具有储碳量功能，国内外研究结果表明，在郁闭的、人为干扰较少的森林中，林地的土壤碳基本上是一个常量。实施天保工程后，保护区内的森林都已成郁闭，因而土壤碳含量基本上是一个恒定的量。可计算出天保工程固定实物量，固碳总量等于森林生物量固碳与森林土壤固碳之和（国政，2011）。其中，土壤碳含量的换算系数采用 Dupouey（1991）的换算系数，为 $70t/hm^2$。已有研究如下：按照每年我国人均 2 吨的排放量计算，仅 4 省森林可抵消 1.69 亿人的二氧化碳排放量（国政，2011）。长江流域防护林单位面积固碳释氧价值平均值为 0.26 元/m^2/a（王建忠，2012）。

　　森林制氧量同样是根据林木生物量增量来推算的。从光合作用方程式可以算出，植物每生产 1t 干物质可以放出 1.19t 二氧化碳。树干平均容重仍取 0.45 t/hm^2，枝叶和树根的生物量仍按树干的 30%计算。有关资料显示，正常人每年需要吸入氧气 273.75kg（国政，2011），可以看出森林释放的氧气的作用是巨大的。

　　（3）净化大气环境。

　　净化空气功能指森林生态系统通过吸收、过滤、阻隔、分解等过程，降解和净化大气中的污染物如二氧化硫、氟化物、氮氧化物、粉尘、重金属等，减少空气中有害物质、增加林区空气的负离子含量、增加林区空气中菇烯类物质含量（国政，2011）。森林能够对空气中的有毒物质进行净化吸收。森林植物表皮的气孔可以允许空气中的部分有毒物质进入，通过叶片组织循环，将其储存在植物体内。森林中有许多树木和植物，能够分泌多种杀菌素，杀死空气中的细菌，从而降低森林上空空气中的含菌量（丛丽、张玉钧，2016）。森林植物巨大的表面积能够滞留空气中的灰尘。森林对大气中的灰尘有阻挡、过滤和吸收的作用，可减少空气中的粉尘和尘埃。由于树木枝叶多，树冠茂密，树叶表面上的绒毛能分泌黏性油脂及汁液，当飘尘接触叶片表面时，会被叶片吸附，从而使空气得到净化（丛丽、张玉钧，2016）。已有研究如下：据测定，$1hm^2$ 阔叶林在一昼夜内吸收约 10 t 二氧化碳，释放出 730kg 氧气，可供 1000 人呼吸，在城市里按每人每天呼吸消耗 0.75kg 氧气计算，则人均有 $10m^2$ 的森林绿地即可满足需要（丛丽、张玉钧，2016）。长江流域防护林单位面积净化大气环境价值范围为 0~0.8 元/m^2/a，平均值为 0.16 元/m^2/a（王建忠，2012）。

　　3. 供给服务

　　（1）森林防护。

　　森林是重要的风力屏障，当风沙遇到森林屏障时，其前进速度大大降低，风力减弱。因此，森林可降低风速、稳定流沙、增加和保持田间湿度，减轻干热风危害，在风沙为害地区保护农业的作用十分显著。而且，森林是农业生产的安全屏障（吴朝晖，2019）。例如，长江上游地区实施天然林保护工程的作用，工程区相对湿度增加，平均风速降低，既促进了所在区域农业稳产高产，也拉动了地区农村经济增长，对保护农田、防风固沙和保护牧场效益起到了非常重要的作用（国政，2011）。

（2）生物多样性。

长江上游是我国多种动植物区系演化、交汇之地，野生动植物种类十分丰富，高等植物种类占全国的近40%，野生脊椎动物占全国的40%以上，是我国重要的生物物种资源库和基因库（孙鸿烈，2008）。长江上游地区有很多濒危珍稀动植物，是我国自然保护区最多的重点区域。随着森林生态系统的不断改善，野生动植物资源在不断增加，保持了良好的生态系统多样性、物种多样性和遗传基因多样性（国政，2011）。例如，四川野生植物资源种类繁多，有高等植物1万余种，约占全国总数的1/3，仅次于云南，居全国第二位；全省脊椎动物近1300种，约占全国总数的45%以上，兽类和鸟类约占全国的53%；据第四次全国大熊猫调查，四川野生大熊猫种群数量占全国野生大熊猫总数的3/4，其种群数量居全国第一位[1]。贵州生物资源种类有野生动物1000多种，列为国家一级保护动物的有黔金丝猴、黑叶猴、华南虎、黑颈鹤等15种；药用植物约4000种，占全国中草药品种的80%，是全国道地中药材四大产区之一，有"夜郎无闲草，黔地多良药"之美誉；天麻、杜仲、黄连、吴萸、石斛等药材享誉国内外；珍稀植物中，列为国家一级保护植物的有银杉、珙桐、桫椤、贵州苏铁等15种[2]。云南是全国植物种类最多的省份，在全国约3万种高等植物中，云南占60%以上。云南树种繁多，类型多样，有不少优良、速生、珍贵用材树种，被列入国家一级、二级、三级重点保护和发展的树种有150多种。经济林木有300多种，而且经济价值较高，特别是茶叶和橡胶已发展为较大的产业。松脂等各种林副产品和山林特产资源极为丰富。药用植物、香料植物以及观赏植物，在全省范围内均有分布，故云南还有"药物宝库""香料之乡""天然花园"的美称。云南的动物种类为全国之冠，脊椎动物达1737种，占全国的58.9%。云南珍稀保护动物较多，还有

---

①② 资料来源：《长江经济带发展统计年鉴（2018）》。

许多小型珍稀动物种类①。

林木产品供给包括木材产品、非木材产品，在一定程度上转化为林业产值，在林业产业发展中做了重点阐述与分析，在生态价值这里不做讨论。

4. 文化服务

"森林康养"一词从"森林浴"发展而来。19 世纪 40 年代，德国创立了世界上第一个森林浴基地，形成了最初的"森林康养"概念（丛丽、张玉钧，2016）。当前，我国经济新常态背景下，"森林康养"释放出诱人的市场空间和巨大的商业机会，各地势必竞相开始探索建立森林康养基地，大力发展森林康养产业（丛丽、张玉钧，2016），森林康养已成为未来森林服务业的重要发展方向之一（丛丽、张玉钧，2016）。森林生态系统为人类提供休闲和娱乐场所而产生的价值，包括直接价值和间接价值。游憩价值包括休闲、游憩、观赏、娱乐等美学价值（国政，2011）。

以上各指标的实际值和参照值的计算方法，可以按照国家林业局《森林生态系统服务功能评估规范》中的实物量评估公式计算。

二、生态效益评估

1. 研究方法

生态系统服务功能价值拥有多样性与复杂性的特点，如何估算生态系统服务功能价值为确定湿地生态补偿标准提供了重要的参考依据，目前并没有形成统一的评估标准与体系（朱弘业，2019），学者普遍认为生态系统服务价值的鉴别、量化和货币化都很困难。森林生态效益的计量应同时采用货币计量和非货币计量两种形式。虽然森林生态效益可以进行货币量化，但由于计量对象本身的复杂性及受到计量理论与方法手段的限制，使其在计量结果的公众认可度上仍存有争议。由于评价方法与手段的多样化，导致评估过程和结果往往具有一定的差异性。

1997 年，Costanza 等在《自然》杂志发表了《全球生态系统服务价值

---

① 资料来源：《长江经济带发展统计年鉴（2018）》。

和自然资本》，使生态系统服务价值估算原理及方法从科学意义上得以明确①。此后，该方法在中国被迅速应用于评估各类生态系统的生态服务经济价值，但 Costanza 等的方法及其在中国的应用仍然存在很大争议和缺陷（谢高地，2008）。根据生态学、经济学、资源学等研究结果，目前常用的评价方法主要有费用支出法、市场价值法、边际机会成本法、影子项目法、价值当量、模拟市场法等（王前进等，2019；谢高地等，2015；彭秀丽等，2019）。有学者指出，在计量属性上，森林生态效益应采用公允价值计量（刘梅娟等，2006）。

当量因子法凭借直观易用且所需数据量较少等特点，对不同类型的生态系统服务功能价值可进行量化估算，因此适用于全球范围以及区域尺度的生态系统服务价值评估（谢高地，2015；朱弘业，2019）。本书对生态系统服务价值评估，是利用谢高地等提出的中国生态系统服务价值系数表以及研究区土地利用面积进行（白玉梅等，2020）。

中国生态系统单位面积生态服务价值当量调查，即设定农田食物生产的生态服务价值当量为1，那么相对于农田生产粮食每年获得的福利，生态系统提供的其他生态服务价值（效用）的大小（谢高地，2008；谢高地等，2003）。1 个生态服务价值当量因子的经济价值量根据 Costanza 等的研究，为 54 \$/hm^{-2}（谢高地，2008，2003）。以修正后的生态系统服务价值当量因子表为基础，将谢高地提出的以 1 个生态服务价值当量经济价值等于当年研究区域平均粮食单产市场价值的 1/7 作为计算依据（郜彗等，2020）②。

2. 评估结果

2018 年我国农产品（主产品）平均出售价格为 2.1932 元/kg③，长江上游四省（市）三大主产品（稻谷、小麦、玉米）总产量为 5779.483 万吨④（见表 7-1），得出长江上游四省（市）农田自然粮食产量的经济价值

---

① Costanza R，D'Arge R，Groot R，et al. The Value of the World's Ecosystem Services and Nature [J]. Nature, 1997, 387：253-260.

② 龚传洋（2005）也提到过类似研究结果：森林的生态效益大体为直接经济效益的 8~10 倍。

③ 数据来源：《全国农产品成本收益资料汇编（2019）》，原始数据为主产品平均出售价格 109.66 元/50 公斤。

④ 数据来源：中国经济社会大数据研究平台，根据主要农产品产量数据加总获得。

约为 126755621156 元，进而求得其生态系统服务价值约 18107945879 元，即 181.08 亿元（见表 7-2）。

表 7-1　2018 年长江上游地区三大主要粮食作物产量和平均出售价格

地区	稻谷产量 （万吨）	小麦产量 （万吨）	玉米产量 （万吨）	产量合计 （万吨）	平均出售价格 （元/公斤）
重庆市	486.92	8.153	251.33	7464030000	2.1932
四川省	1478.60	247.300	1066.30	27922000000	2.1932
贵州省	420.70	33.200	259.00	7129000000	2.1932
云南省	527.70	74.280	926.00	15279800000	2.1932
长江上游地区	2913.92	362.933	2502.63	57794830000	2.1932

资料来源：《全国农产品成本收益资料汇编（2019）》。

表 7-2　2018 年长江上游地区林业生态系统服务价值

地区	农田自然粮食产量的经济价值 （元）	生态系统服务价值 （元）	生态系统服务价值 （亿元）
重庆市	16370110596	2338587228	23.39
四川省	61238530400	8748361486	87.48
贵州省	15635322800	2233617543	22.34
云南省	33511657360	4787379623	47.87
长江上游地区	126755621156	18107945879	181.08

资料来源：根据原始数据计算得出。

进一步计算可得出：长江上游单位林地面积生态服务功能价值 = 18107945879 元/64036300hm² = 18107945879 元/640363000000m² = 0.0283 元/m²/a。

可以看出，应用此种方法进行林业生态系统生态服务价值核算严重低估了其实际发挥的生态价值。笔者思考了运用该方法的局限性。第一，长江上游地区拥有的林地面积庞大，主要原因有二：一是长江上游地区的地理和气候等优势，使得原有的林业自然资源比较丰富，具有林业资源，尤其是拥有庞大林地面积的天然优势；二是长江上游地区针对林业开展了天然林资源保护工程、退耕还林工程、长江流域防护林体系工程、石漠化治理工程等林业重点生态工程和其他造林工程，增加造林面积比较庞大。第二，长江上游地区第一产业占GDP的比重较小。近年来，虽然第一产业增加值有所提高，但第二产业和第三产业增加值增长速度更为显著，总量更大，第一产业所占比重较小。第三，在计算参考价格时，本书考虑的是稻谷、小麦、玉米三种农产品，我国虽然是这三大产品的主要产区，但该三种产品在长江上游地区产量并不占有较大优势。例如，通过查找《中国农业统计年鉴（2017）》获得2016年重庆、四川、贵州、云南粮食面积在全国的位次分别为22、7、16、12，占全国比重分别为1.72%、5.33%、2.59%、3.53%，而四川的油料作物排名全国第一，占全国比重为11.18%，贵州排名全国第五，占全国比重为5.00%，云南的糖料排名全国第二，占全国比重为15.52%。基于以上几点原因使本书采用的价值当量法评估的林业生态系统服务价值远远小于实际产生的价值。

在已有研究中，王建忠（2012）对长江流域防护林体系工程生态系统服务价值进行研究，得出研究结论：长江流域防护林单位面积服务功能价值均值为6.541元/m²/a，幸绣程等（2017）对天然林资源保护工程生态服务价值开展研究，得出研究结论：2013年，云南森林单位面积生态系统服务的价值为2126.85元/亩，四川森林单位面积生态系统服务的价值为2653.30元/亩，贵州森林单位面积生态系统服务的价值为1354.16元/亩。据此得出：云贵川三省森林单位面积生态系统服务价值均值=（2126.85+2653.30+1354.16）元/亩=2044.77元/亩=3.0672元/m²。依据防护林体系工程单位面积服务功能价值均值为6.541元/m²/a、天然林资源保护工程森林单位面积生态系统服务价值为3.0672元/m²/a，对长江上游地区林业生态系统服务价值进行部分修正。

通过查找《中国林业统计年鉴（2018）》获得2017年长江上游地区天然林资源保护工程的面积数据和防护林体系工程的面积数据。其中，重庆天然林资源保护工程面积为17464hm²，四川天然林资源保护工程面积为29670hm²，贵州天然林资源保护工程面积为6667hm²，云南天然林资源保护工程面积为26987hm²；重庆防护林体系工程面积为2664hm²、贵州防护林体系工程面积为9067hm²，云南防护林体系工程面积为7665hm²，四川数据缺失。

退耕还林工程产生的生态效益是由退耕后种植的林草植被所提供的生态功能所表现的短期提供的生态价值，主要体现在给退耕区带来的生态环境质量的改善。因本书讨论生态服务价值主要为生态补偿提供定量参考，故退耕还林工程所产生的生态系统服务价值在本书中不做讨论。

长江上游地区天然林资源保护工程面积 = 17464 + 29670 + 6667 + 26987 = 80788hm^2 = 807880000m^2。

长江上游地区防护林体系工程面积 = 2664 + 9067 + 7665 = 19396hm^2 = 193960000m^2。

长江上游地区天然林资源保护工程生态系统服务价值 = 3.0672 元/m^2/a × 807880000m^2 = 2477929536 元 ≈ 24.78 亿元。

长江上游地区防护林体系工程生态系统服务价值 = 6.541 元/m^2/a × 193960000m^2 = 1268692360 元 ≈ 12.69 亿元。

长江上游地区林业生态系统服务价值修正为：0.0283 元/m^2/a × (640363000000m^2 − 807880000m^2 − 193960000m^2) + 24.78 亿元/a + 12.69 亿元/a ≈ 218.4054 亿元。

未来，在技术可行范围内，可进一步探索测量林业生态系统服务价值的更好的研究方法，因在本书中，重在强调量化思想的重要性，并不在于探索更为有效评估方法，故不再过多阐述。

第二节　经济效益

一、经济效益构成

经济效益指标包括直接经济效益和间接经济效益两大类，直接经济效益主要体现在林木产品效益，林副产品效益等方面（国政，2011），是林业在生产经营过程中产生的经济效益，可以用货币计量来进行反映，同时，也是林业相关产品在市场交换过程中获得的直接收益（张立平，2014），主要体现在林业产业产值方面（黄漓锋，2020）；间接经济效益表现为相关涉林企业的职工收入（国政，2011）。

林业及相关产品是指依托森林资源（森林、其他林地和森林以外的林木）、湿地资源和荒漠资源生产的所有有形生物产品（水生动物除外）和提供的林业服务，包括木（竹）质林产品、非木质林产品和林业服务[①]。林业产业包括林业第一产业、林业第二产业、林业第三产业。三次产业的划分是世界上较为常用的产业结构分类，但各国的划分不尽一致。结合《国民经济行业分类》（GB/T 4754—2011）和《三次产业划分规定》[②]，对构成林业产值的具体林业产业进行分类并说明，见表7-3。

表7-3　构成林业产值的林业产业分类及说明

林业第一产业

林木育种和育苗	林木育种指应用遗传学原理选育、繁殖林木良种和繁殖林木新品种核心的栽植材料的林木遗传改良活动 林木育苗指通过人为活动将种子、穗条或植物其他组织培育成苗木的活动
营造林	造林与更新指在宜林荒山荒地荒沙、采伐迹地、火烧迹地、疏林地、灌木林地等一切可造林的土地上通过人工造林、人工更新、封山育林、飞播造林等方式培育和恢复森林的活动 森林经营与管护指为促进林木生长发育，在林木生长的不同时期进行的促进林木生长发育的活动 森林改陪指为调整林分结构和树种组成，形成密度合理、物种丰富、功能完备的优质、高产、高效林而采取林分抚育、补植、补播等人工措施的活动
木材和竹材采运	木材和竹材采运指对林木和竹木的采伐，并将其运出山场至贮木场的生产活动
经济林产品的种植与采集	经济林产品采集指在天然林地和人工林地进行的各种林木产品和其他野生植物的采集等活动。包括木竹材林产品采集和非木竹材林产品采集。非木竹材林产品采集指在天然林地和人工林地进行的除木材、竹材产品外的其他各种林产品的采集活动
花卉及其他观赏植物种植	花卉及其他观赏植物种植包括花卉种植、其他观赏植物、园艺作物种植等

---

① 资料来源：《林业及相关产品分类》。
② 资料来源：《三次产业划分规定》。我国的三次产业划分是：第一产业是指农、林、牧、渔业（不含农、林、牧、渔服务业）；第二产业是指采矿业（不含开采辅助活动），制造业（不含金属制品、机械和设备修理业），电力、热力、燃气及水生产和供应业，建筑业；第三产业即服务业，是指除第一产业、第二产业以外的其他行业。

林业第一产业

陆生野生动物繁育与利用	陆生野生动物繁育与利用服务包括兽医及动物病防治服务、其他畜牧服务等。饲养陆生野生动物及其产品指为经济等目的饲养的各种陆生野生动物，捕获的陆生野生动物，以及动物产品，包括活禽鸟、其他饲养陆生野生动物、饲养的陆生野生动物产品、捕获的陆生野生动物；不包括生态保护、科研及动物园饲养的动物。其他饲养陆生野生动物包括人工饲养或野生的其他珍禽动物；但不包括流动马戏团、动物园的动物

林业第二产业①

木材加工和木、竹、藤、棕、苇制品制造	木材加工和木、竹、藤、棕、草制品业包括木材加工、人造板制造、木制制品制造、竹、藤、棕、草等制品制造等 木材加工包括锯材加工、木片加工、单板加工、其他木材加工等。锯材加工指以原木为原料，利用锯木机械或手工工具将原木纵向锯成具有一定断面尺寸（宽、厚度）的木材加工生产活动，用防腐剂和其他物质浸渍木料或对木料进行化学处理的加工，以及地板毛料的制造。木片加工指利用森林采伐、造材、加工等剩余物和定向培育的木材，经削（刨）片机加工成一定规格的产品生产活动。单板加工指用于胶合板、细木工板、木质重组装饰材、装饰单板（厚度在 0.55mm 以下）、单层板积材（LVL）、纺织用木质层压板、电工层压板和木质层积塑料等材料的生产活动。其他木材加工指对木材进行干燥、防腐、改性、染色加工等活动 人造板制造指用木材及其剩余物、棉秆、甘蔗渣和芦苇等植物纤维为原料，加工成符合国家标准的胶合板、纤维板、刨花板、细木工板和木丝板等产品的生产活动，以及人造板二次加工装饰板的制造 木质制品制造指以木材为原料加工成建筑用木料和木材组件、木容器、软木制品及其他木制品的生产活动，但不包括木质家具的制造 竹、藤、棕、草等制品制造指除木材以外，以竹、藤、棕、草等天然植物为原料（包括棕、藤、草、柳条、苇等类似制品）生产制品的活动，但不包括家具的制造
木、竹、藤家具制造	家具制造业指用木材、金属、塑料、竹、藤等材料制作的，具有坐卧、凭倚、储藏、间隔等功能，可用于住宅、旅馆、办公室、学校、餐馆、医院、剧场、公园、船舰、飞机、机动车等任何场所的各种家具的制造 木质家具制造指以天然木材和木质人造板为主要材料，配以其他辅料（如油漆、贴面材料、玻璃、五金配件等）制作各种家具的生产活动 竹、藤家具制造指以竹材和藤材为主要材料，配以其他辅料制作各种家具的生产活动

———————

① 林业第二产业中，制造业指经物理变化或化学变化后成为新的产品，不论是动力机械制造或手工制作，也不论产品是批发销售或零售，均视为制造

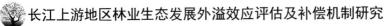

林业第二产业	
木、竹、苇浆造纸和纸制品	造纸和纸制品业包括纸浆制造、造纸、纸制品制造。纸浆制造指经机械或化学方法加工纸浆的生产活动。造纸指用纸浆或其他原料（如矿渣棉、云母、石棉等）悬浮在流体中的纤维，经过造纸机或其他设备成型，或手工操作而成的纸及纸板的制造。纸制品制造指用纸及纸板为原料，进一步加工制成纸制品的生产活动 木（竹、苇）浆指原生浆及废纸浆，包括木浆、苇（荻）浆、竹浆等，废纸纸浆，化学溶解浆，以及其他原生纸浆；不包括纺织用化学浆粕 纸制品指纸或纸板为原料进一步加工而成的纸的制品，包括纸和纸板容器，纸制文具及办公用品，纸浆模制品，用成卷或成张的卫生用纸原纸为原料进一步加工而成的卫生用纸制品；纸制壁纸、窗纸、铺地制品及类似品，纸浆制滤块、滤板及滤片，纸或纸板制标签；纸制筒管、卷轴、纡子及类似品，神纸及类似用品，纸扇以及未列明的其他纸制品
林产化学产品制造	林产化学产品制造指以林产品为原料，经过化学和物理加工方法生产产品的活动，包括木炭、竹炭生产活动 林产化学产品包括松节油类产品、松香类产品、栲胶、樟脑、冰片（龙脑）、五倍子单宁产品、紫胶类产品、木材热解、水解产品、竹材热解产品、林产色素（紫胶红色素）、林产蜡（虫白蜡）、桃胶粉、其他林产化学产品等
木质工艺品和木质文教体育用品制造	木（竹）质林产品指依托森林资源（森林、其他林地和森林以外的林木）中获得的原木、竹材以及以木材、竹材为原料的加工产品 林产工艺品、标本及其他制造产品包括森林动植物雕刻工艺品、漆器工艺品，花、树皮、芦苇等画类工艺品，竹、藤、棕、苇编工艺品，道具及相关工艺美术品，林产日用杂品，木竹制宠物观赏鸟专用品，森林生物标本等 文教、工美、体育和娱乐用品制造业包括文教办公用品制造、乐器制造、工艺美术及礼仪用品制造、体育用品制造、玩具制造、游艺器材及娱乐用品制造等。 木（竹）文教体育用品包括木（竹）质画具、木（竹）制笔及其零件、木质体育用品、木竹制乐器、乐器辅助用品及零件、木制玩具、木质游艺用品及室内游艺器材，不包括削笔类用具和学生用圆规、角度量具、直尺
非木质林产品加工制造业	非木质林产品指依托森林资源（森林、其他林地和森林以外的林木）、湿地资源和荒漠资源生产的除木材、竹材和水生动物以外其他所有的有形生物产品及其加工品，包括植物类产品及其加工品、陆生野生动物及其产品和加工品
其他产业	林业第二产业中的其他产业

林业第三产业①	
林业生产服务	林业生产服务主要包括森林培育服务，不包括陆生野生动物繁育与利用服务（这部分统计在林业第一产业中） 森林培育服务包括造林更新产品、林木抚育管理服务、森林病虫害防治服务、森林防火服务、森林防护服务、其他林业服务等。其他林业服务包括与伐木有关的如砍伐、切割、树木剥皮等服务 林业专业及辅助性活动指为林业生产提供的林业有害生物防治、林地防火、林产品初级加工活动等各种辅助性活动 林产品初级加工活动指对各种林产品进行去皮、打枝或去料、净化、初包装提供至贮木场或初级加工活动
林业旅游与休闲服务	林业旅游与休闲服务包括游览景区管理服务、旅游饭店住宿服务、室外休闲健身服务 林业休闲观光活动指以林业生产和服务领域为对象的休闲观光旅游活动
林业生态服务	林业生态保护服务包括自然生态保护服务和水土流失防治服务。自然生态保护服务包括自然保护区管理服务、陆生野生动物保护服务、野生植物保护服务、其他自然保护服务 生态保护包括自然生态系统保护管理、自然遗迹保护管理、野生动物保护、野生植物保护、动物园、水族馆管理服务、植物园管理服务、其他自然保护。自然生态系统保护管理指对自然生态系统的保护和管理活动，包括森林、草原和草甸、荒漠、湿地、内陆水域以及海洋生态系统的保护和管理。野生动物保护指对野生及濒危动物的饲养、繁殖等保护活动，以及对栖息地的管理活动，包括野生动物保护区管理。野生植物保护指对野生及濒危植物的收集、保存、培育及其生存环境的维持等保护活动，包括野生植物保护区管理
林业专业技术服务	林业专业技术服务包括林业技术检测与标准认证服务、自然生态监测服务、林业设计与规划服务。林业技术检测与标准认证服务包括陆生野生动物检验服务、森林植物检验服务、林业认证服务、其他林业技术检测服务。自然生态监测服务包括森林土壤质量监测服务、沙漠化监测服务、森林生态监测服务、湿地环境监测服务、其他自然生态监测服务。林业设计与规划服务包括林业工程设计服务、林业规划管理服务

---

　①　林业第三产业中，林业服务指通过利用森林（湿地、荒漠）生态系统服务功能所提供的林业旅游与生态服务，以及林业生产过程中，以森林（湿地、荒漠）资源为对象的林业生产和管理服务。

林业第三产业	
林业公共管理及其他组织服务	林业公共管理服务包括国家林业行政管理服务、林业社会团体服务、基金会服务。国家林业行政管理服务包括公共安全管理服务、林业经济事务管理服务、林业行政监督执法服务。林业社会团体服务包括林业专业性团体服务、林业行业性社会团体服务。基金会服务指利用自然人、法人或者其他组织捐赠的财产，以从事公益事业为目的，按照本条例的规定成立的非营利性法人，包括林业部门、单位所属的社会救助、环境、文化、教育、体育等基金会的活动；不包括投资基金（金融）的活动

资料来源：《国民经济行业分类》（GB/T 4754—2017）、《林业及相关产品分类》（LY/T 2987—2018）、《三次产业划分规定》、国家统计局指标解释等。

二、经济效益评估

1. 林业总产值

2000~2019 年，长江上游地区的林业产值经历了缓慢增长和快速提高两个阶段。2010 年以前，基本呈缓慢增长趋势，2011 年以后，林业总产值呈快速上升趋势。近年来，长江上游地区林业总产值增长速度加快，2017 年超过 1000 亿元，2019 年达到 1156.2 亿元，与 2000 年产值相比，提高接近 10 倍（见图 7-2）。

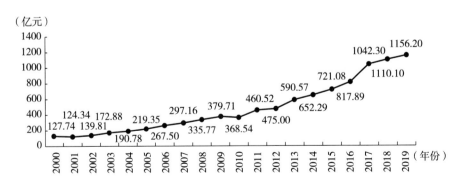

图 7-2 2000~2019 年长江上游地区林业总产值情况

资料来源：历年《中国林业统计年鉴》。

从林业三次产业产值总量来看，林业第一产业产值>林业第二产业产值>林业第三产业产值，林业第一产业仍是林业产业产值最主要的构成部分。从林业三次产业产值发展趋势看，均呈现上升趋势，说明 2010 年以来，长江上游地区林业三次产业均得到一定程度的发展。从林业三次产业产值增速看，林业第一产业、第二产业发展速度基本持平，林业第三产业在 2016 年之后速度有所提高（见图 7-3）。

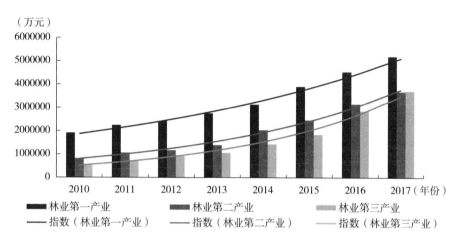

（万元）

图 7-3　2010～2017 年长江上游地区林业三次产业产值情况

资料来源：历年《中国林业统计年鉴》。

2010～2017 年，长江上游地区林业总产值中的涉林产业产值不断增加，2017 年达到 12294918 万元，涉林产业产值占林业总产值比重达 97.53%（见图 7-4），涉林产业在林业产业产值贡献中占有越来越重要的地位。

（1）林业第一产业产值：

2010 年以来，长江上游地区林业第一产业产值不断提高，截至 2017 年，提高了 27805759 万元，其中涉林产业产值增加了 26006635 万元，林业系统非林产业产值增加了 1799124 万元。长江上游地区林业第一产业中，涉林产业产值不断增加，2017 年达到 39325164 万元，是 2010 年产值的 2.95 倍，林业系统非林产业产值亦不断增加，2017 年达到 2563717 万元，是 2010 年产值的 3.35 倍。长江上游地区林业第一产业中涉林产业比重总体来讲，变化幅度不大，但有下降趋势，林业系统非林产业比重有所增

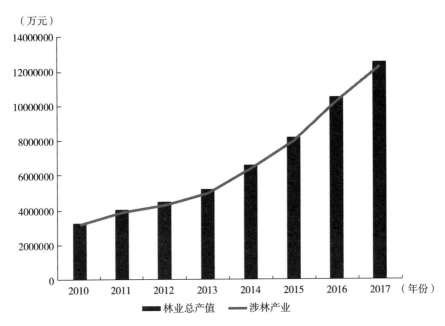

图7-4 2010~2017年长江上游地区林业涉林产业产值情况

资料来源：历年《中国林业统计年鉴》。

加，2017年达到6.1203%（见表7-4）。长江上游地区林业第一产业的涉林产业和林业系统非林产业都得到了较大的发展。

表7-4 2010~2017年长江上游地区林业第一产业产值情况

年份	产值（万元）	涉林产业		林业系统非林产业	
		产值（万元）	比重（%）	产值（万元）	比重（%）
2010	14083122	13318529	94.5709	764593	5.4291
2011	16804796	16250027	96.6987	554769	3.3013
2012	20240108	19517822	96.4314	722286	3.5686
2013	22612772	21657103	95.7738	955669	4.2262
2014	26383184	25108938	95.1702	1274246	4.8298
2015	30242976	28770997	95.1328	1471979	4.8672

年份	产值（万元）	涉林产业		林业系统非林产业	
		产值（万元）	比重（%）	产值（万元）	比重（%）
2016	36960479	35238241	95.3403	1722238	4.6597
2017	41888881	39325164	93.8797	2563717	6.1203

资料来源：历年《中国林业统计年鉴》。

林业第一产业中，产业构成主要为林木育种和育苗业、营造林业、木材和竹材采运业、经济林产品的种植与采集业、花卉及其他观赏植物种植业、陆生野生动物繁育与利用业。2010 年以来，长江上游地区的林木育种和育苗业、营造林业、木材和竹材采运业、经济林产品的种植与采集业、花卉及其他观赏植物种植业、陆生野生动物繁育与利用业产值都有较大提升。其中，林木育种和育苗业产值由 2010 年的 610154 万元提升为 2017 年的 1830275 万元，提高了 1220121 万元，是 2010 年的近 3 倍；营造林业产值由 2010 年的 1718271 万元提升为 2017 年的 3163749 万元，提高了 1445478 万元，是 2010 年的 1.84 倍；木材和竹材采运业产值由 2010 年的 1093647 万元提升为 2017 年的 1893238 万元，提高了 799591 万元，是 2010 年的 1.73 倍；经济林产品的种植与采集业产值由 2010 年的 8325835 万元提升为 2017 年的 28217009 万元，提高了 19891174 万元，是 2010 年的 3.39 倍；花卉及其他观赏植物种植业产值由 2010 年的 1075882 万元提升为 2017 年的 3632317 万元，提高了 2556435 万元，是 2010 年的 3.38 倍；陆生野生动物繁育与利用业产值由 2010 年的 160337 万元提升为 2017 年的 588576 万元，提高了 428239 万元，是 2010 年的 3.67 倍（见图 7-5、表 7-5）。经济林产品的种植与采集是林业第一产业中增长速度最快的，产值得到了极大的提升。例如，发展经济林、种植和采摘林下产品，通过市场交易可以直接实现林产品的货币价值。经济林往往在应用生态位原理、食物链原理等生态学理论的基础上采用生态农业、循环经济等绿色生产技术，可影响农户生产要素的生产效率，进而影响农户收入（赵瑾璟，2019）。花卉及其他观赏植物种植业、陆生野生动物繁育与利用业也得到了极大的发展。与生态相关的林业第一产业将越来越发挥其价值。例如，云南省楚雄州大姚县历史文化厚重、民族风情浓郁、人文景观独特，是彝族文化的起源地，享有中国核桃之乡、彝族药业之乡和彝族文化之乡的美誉。大姚县也是国家重点生态功能区县，全县生态环境质量状况良好。大姚县大力发展以核桃为主的高原特色经济林产业，探索实践了核桃"兴林富民"的"绿水青山就是金山银山"的转化模式，走出了核桃"规模化种植、标准化生产、专业化分工、品牌化打造"之路。截至 2019 年底，全县核桃种植面积达 164.3 万亩，销售额达 10.3 亿元，农民人均核桃收入达4952 元，核桃万元户达 10767 户。顺利实现脱贫摘帽目标，"绿水青山就是金山银山"理念得到生动实践。

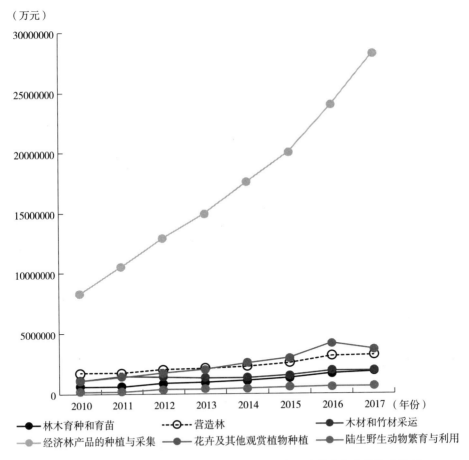

图 7-5　2010~2017 年长江上游地区林业第一产业涉林产业产值构成情况

资料来源：历年《中国林业统计年鉴》。

表 7-5　2010~2017 年长江上游地区第一产业涉林产业产值构成情况

年份		2010	2011	2012	2013	2014	2015	2016	2017
林业第一产业产值（万元）		14083122	16804796	20240108	22612772	26383184	30242976	36960479	41888881
林木育种和育苗	产值（万元）	610154	603372	835731	909773	1048907	1280767	1622618	1830275
	比重（%）	4.3325	3.5905	4.1291	4.0233	3.9757	4.2349	4.3901	4.3694
营造林	产值（万元）	1718271	1701812	1994526	2103910	2252333	2527446	3105120	3163749
	比重（%）	12.2009	10.1269	9.8543	9.3041	8.5370	8.3571	8.4012	7.5527
木材和竹材采运	产值（万元）	1093647	1434163	1375368	1322537	1306644	1485085	1895346	1893238
	比重（%）	7.7657	8.5342	6.7953	5.8486	4.9526	4.9105	5.1280	4.5197
经济林产品的种植与采集	产值（万元）	8325835	10545878	12917355	14920043	17547175	20018841	23929235	28217009
	比重（%）	59.1192	62.7552	63.8206	65.9806	66.5089	66.1934	64.7428	67.3616
花卉及其他观赏植物种植	产值（万元）	1075882	1382132	1709628	2008394	2530272	2938257	4142133	3632317
	比重（%）	7.6395	8.2246	8.4467	8.8817	9.5905	9.7155	11.2069	8.6713
陆生野生动物繁育与利用	产值（万元）	160337	169976	332656	392446	423607	520601	543789	588576
	比重（%）	1.1385	1.0115	1.6435	1.7355	1.6056	1.7214	1.4713	1.4051

资料来源：历年《中国林业统计年鉴》。

（2）林业第二产业产值。

2010 年以来，长江上游地区林业第二产业产值不断提高，截至 2017 年，提高了 14973899 万元，其中，涉林产业产值增加 14600083 万元，林业系统非林产业产值增加 363816 万元。长江上游地区林业第二产业中，涉林产业产值不断增加，2017 年达到 22904961 万元，是 2010 年的 2.76 倍，林业系统非林产业产值亦不断增加，2017 年达到 672860 万元，是 2010 年的 2.18 倍。从长江上游地区林业第二产业中涉林产业和林业系统非林产业比重看，总体变化幅度不大（见表 7-6）。长江上游地区林业第二产业的涉林产业林业系统非林产业也得到了较大的发展。

表 7-6　2010~2017 年长江上游地区林业第二产业产值情况

年份	产值	涉林产业		林业系统非林产业	
		产值（万元）	比重（%）	产值（万元）	比重（%）
2010	8613922	8304878	96.4123	309044	3.5877
2011	10217802	9983376	97.7057	234426	2.2943
2012	12330626	11991260	97.2478	339366	2.7522
2013	13895446	13607009	97.9242	288437	2.0758
2014	15873737	15486579	97.5610	387158	2.4390
2015	17934228	17477588	97.4538	456640	2.5462
2016	21333453	20879416	97.8717	454037	2.1283
2017	23587821	22904961	97.105	672860	2.8526

资料来源：历年《中国林业统计年鉴》。

2010 年林业第二产业产值为 8613922 万元，2017 年林业第二产业产值为 23587821 万元，提高了 14973899 万元，是 2010 年的 2.74 倍。林业第二产业中，产业构成主要为木材加工和木、竹、藤、棕、苇制品制造业，木、竹、藤家具制造业，木、竹、苇浆造纸和纸制品业，林产化学产品制造业，木质工艺品和木质文教体育用品制造业，非木质林产品加工制造业，其他产业。2010 年以来，长江上游地区的林木材加工和木、竹、藤、棕、苇制品制造业，木、竹、藤家具制造业，木、竹、苇浆造纸和纸制品业，林产化学产品制造业，木质工艺品和木质文教体育用品制造业，非木质林产品加工制造业，其他产业产值都有较大提升。其中，木材加工和木、竹、藤、棕、苇制品制造业由 2010 年的 2902307 万元提升为 2017 年的 6329355 万元，提高了 3427048 万元，是 2010 年的 2.18 倍；木、竹、藤家具制造业产值由 2010 年的 2123510 万元提升为 2017 年的 4762042 万元，提高了 2638532 万元，是 2010 年的 2.24 倍；木、竹、苇浆造纸和纸制品业产值由 2010 年的 1186356 万元提升为 2017 年的 2605290 万元，提高了 1418934 万元，是 2010 年的 2.20 倍；林产化学产品制造业产值由 2010 年的 441156 万元提升为 2017 年的 598126 万元，提高了 156970 万元，是 2010 年的 1.36 倍；木质工艺品和木质文教体育用品制造业产值由 2010 年的 59422 万元提升为 2017 年的 363196 万元，提高了 303774 万元，是 2010 年的 6.11 倍；非木质林产品加工制造业产值由 2010 年的 558382 万元提升为 2017 年的 6732464 万元，提高了 6174082 万元，是 2010 年的 12.06 倍；林业第二产业中的其他产业产值由 2010 年的 1033745 万元提升为 2017 年的 1514488 万元，提高了 480743 万元，是 2010 年的 1.47 倍（见图 7-6、表 7-7）。木质工艺品和木质文教体育用品制造业、非木质林产品加工制造业是林业第二产业中增长速度最快的，产值得到了极大提高。木材加工和木、竹、藤、棕、苇制品制造业，木、竹、藤家具制造业，木、竹、苇浆造纸和纸制品业产业也在一定程度上有所提升。与价值提升的艺术品、非木质林产品等相关的林业第二产业将越来越发挥其价值。

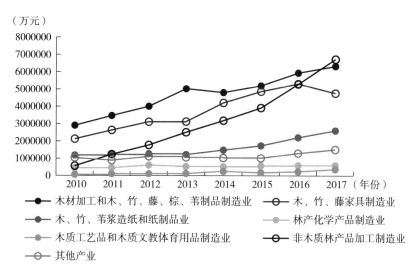

图 7-6 2010~2017 年长江上游地区林业第二产业涉林产业产值构成情况

资料来源：历年《中国林业统计年鉴》。

表 7-7　2010~2017 年长江上游地区第二产业涉林产业构成情况

年份		2010	2011	2012	2013
林业第二产业产值（万元）		8613922	10217802	12330626	13895446
木材加工和木、竹、藤、棕、苇制品制造业	产值（万元）	2902307	3465514	4004786	5026388
	比重（%）	33.6932	33.9164	32.4784	36.1729
木、竹、藤家具制造业	产值（万元）	2123510	2631422	3113809	3127234
	比重（%）	24.6521	25.7533	25.2526	22.5055
木、竹、苇浆造纸和纸制品业	产值（万元）	1186356	1223695	1269868	1226253
	比重（%）	13.7725	11.9761	10.2985	8.8249
林产化学产品制造业	产值（万元）	441156	448166	606411	531959
	比重（%）	5.1214	4.3861	4.9179	3.8283
木质工艺品和木质文教体育用品制造业	产值（万元）	59422	100888	111403	125341
	比重（%）	0.6898	0.9874	0.9035	0.9020
非木质林产品加工制造业	产值（万元）	558382	1233328	1775611	2511847
	比重（%）	6.4823	12.0704	14.4000	18.0768
其他产业	产值（万元）	1033745	880363	1109372	1057987
	比重（%）	12.0009	8.616	8.9969	7.6139
年份		2014	2015	2016	2017
林业第二产业产值（万元）		15873737	17934228	21333453	23587821
木材加工和木、竹、藤、棕、苇制品制造业	产值（万元）	4804201	5199926	5945036	6329355
	比重（%）	30.2651	28.9944	27.8672	26.8331
木、竹、藤家具制造业	产值（万元）	4209859	4863663	5312081	4762042
	比重（%）	26.5209	27.1194	24.9002	20.1886
木、竹、苇浆造纸和纸制品业	产值（万元）	1490019	1737534	2210685	2605290
	比重（%）	9.3867	9.6884	10.3625	11.0451
林产化学产品制造业	产值（万元）	520705	571861	589727	598126
	比重（%）	3.2803	3.1887	2.7643	2.5357

年份		2014	2015	2016	2017
木质工艺品和木质文教体育用品制造业	产值（万元）	252549	172051	235803	363196
	比重（%）	1.5910	0.9593	1.1053	1.5398
非木质林产品加工制造业	产值（万元）	3183092	3918754	5289641	6732464
	比重（%）	20.0526	21.8507	24.7951	28.5421
其他产业	产值（万元）	1026154	1013799	1296443	1514488
	比重（%）	6.4645	5.6529	6.077	6.4206

资料来源：历年《中国林业统计年鉴》。

在这里，介绍一个"以竹代木"采用环保技术的公司，以说明其实现经济效益的过程。40年前，重庆星星套装门（企业名称）只是一个资产不足4000元的"磨面社"，靠制作油扇、竹筷、木筷、竹门帘、竹窗帘等产品维持。1983年，公司创始人看中库区巨大的竹子产量，决定独辟蹊径，将公司转向专门从事"以竹代木"产业。在成功开发出竹材碎料板后，研制成功了一次成型竹碎料及纤维空心板生产技术，并被认定为国内首创。同时，重庆星星套装门继续对竹子加工工艺进行改进：发明了滚动式进出热压装置、树脂漆自动控温装置等，逐渐成为国内首屈一指的竹子套装门企业。该公司减少砍伐保持水土，同时实现了经济效益。

（3）林业第三产业产值。

2010年以来，长江上游地区林业第三产业产值不断提高，截至2017年，提高了31536062万元，其中涉林产业产值增加28307259万元，林业系统非林产业产值增加3228803万元。长江上游地区林业第三产业中，涉林产业产值不断增加，2017年达到33062150万元，是2010年的6.94倍，林业系统非林产业产值亦不断增加，2017年达到3783273万元，是2010年的6.82倍。长江上游地区林业第三产业中涉林产业、林业系统非林产业比重虽然出现一定的波动，但总体来讲，涉林产业比重有下降趋势，林业系统非林产业比重逐渐提高（见表7-8）。长江上游地区林业第三产业的涉林产业、林业系统非林产业都得到快速发展，产值得到极大提升。

表 7-8　2010~2017 年长江上游地区林业第三产业产值情况

年份	第三产业产值（万元）	涉林产业		林业系统非林产业	
		产值（万元）	比重（%）	产值（万元）	比重（%）
2010	5309361	4754891	89.5567	554470	10.4433
2011	7346527	6962045	94.7665	384482	5.2335
2012	8964847	8263314	92.1746	701533	7.8254
2013	11465396	11031428	96.2150	433968	3.7850
2014	14156116	13082687	92.4172	1073429	7.5828
2015	17698133	16134933	91.1674	1563200	8.8326
2016	29182189	26758234	91.6937	2423955	8.3063
2017	36845423	33062150	89.7320	3783273	10.2680

资料来源：历年《中国林业统计年鉴》。

2010 年，林业第三产业产值为 5309361 万元，2017 年林业第三产业产值为 36845423 万元，提高了 31536062 万元，是 2010 年的 6.94 倍。林业第三产业中，产业构成主要为林业生产服务业、林业旅游与休闲服务业、林业生态服务业、林业专业技术服务业、林业公共管理及其他组织服务业。2010 年以来，长江上游地区的林业生产服务业、林业旅游与休闲服务业、林业生态服务业、林业专业技术服务业、林业公共管理及其他组织服务业产值都有较大提升。其中，林业生产服务业产值由 2010 年的 334403 万元提升为 2017 年的 964055 万元，提高了 629652 万元，是 2010 年的 2.88 倍；林业旅游与休闲服务业产值由 2010 年的 4256560 万元提升为 2017 年的 30232277 万元，提高了 25975717 万元，是 2010 年的 7.10 倍；林业生态服务业产值由 2010 年的 121483 万元提升为 2017 年的 1042091 万元，提高了 920608 万元，是 2010 年的 8.58 倍；林业专业技术服务业产值由 2010 年的 72552 万元提升为 2017 年的 304520 万元，提高了 231968 万元，是 2010 年的 4.20 倍；林业公共管理及其他组织服务业产值由 2010 年的 304296 万元提升为 2017 年的 519207 万元，提高了 214911 万元，是 2010 年的 1.71 倍（见图 7-7、表 7-9）。林业生产服务业、林业旅游与休闲服务业、林业生态服务业是林业第一产业中增长速度最快的，产值得到了极大的提高；林业专业技术服务业也得到了极大的发展。与生态服务相关的林业第三产业将越来越发挥其价值。

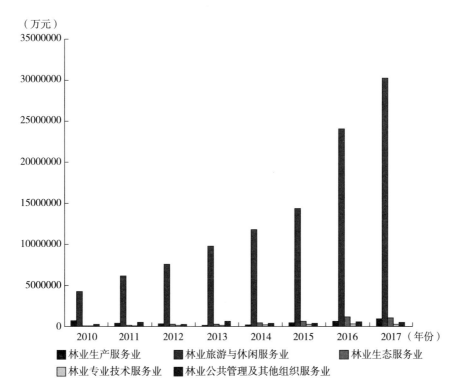

图7-7　2010~2017年长江上游地区林业第三产业涉林产业产值构成情况
资料来源：历年《中国林业统计年鉴》。

由以上分析可知，长江上游地区林业产业中，林业第三产业产值得到了极大提高，这与长江上游地区近年来的生态保护是密切相关的，"绿水青山"逐渐转化为"金山银山"。

2. 林业系统单位在岗职工工资

通过查找历年《中国林业统计年鉴》① 获得长江上游地区四省市林业系统单位在岗职工工资和林业系统单位在岗职工年末人数，计算出长江上游地区支付给林业系统单位在岗职工的工资收入数据（见表7-10、表7-11）。

① 2018年更名为《中国林业和草原统计年鉴》。

表7-9　2010～2017年长江上游地区涉林第三产业产值构成情况

年份	林业第三产业产值（万元）	林业生产服务业		林业旅游与休闲服务业		林业生态服务业		林业专业技术服务业		林业公共管理及其他组织服务业	
		产值（亿元）	比重（%）	产值（亿元）	比重（%）	产值（亿元）	比重（%）	产值（亿元）	比重（%）	产值（亿元）	比重（%）
2010	5309361	334403	6.2984	4256560	80.1709	121483	2.2881	72552	1.3665	304296	5.7313
2011	7346527	412694	5.6175	6214321	84.5886	159182	2.1668	90633	1.2337	497909	6.7775
2012	8964847	352558	3.9327	7595873	84.7295	253516	2.8279	135630	1.5129	278295	3.1043
2013	11465396	151174	1.3185	9821863	85.6653	287581	2.5083	158823	1.3852	611987	5.3377
2014	14156116	233467	1.6492	11802688	83.3752	459398	3.2452	206106	1.4560	381028	2.6916
2015	17698133	465969	2.6329	14362598	81.1532	633691	3.5806	258570	1.4610	414105	2.3398
2016	29182189	657410	2.2528	24002303	82.2498	1205141	4.1297	329291	1.1284	564089	1.9330
2017	36845423	964055	2.6165	30232277	82.0516	1042091	2.8283	304520	0.8265	519207	1.4091

资料来源：历年《中国林业统计年鉴》。

表 7-10　2010~2017 年长江上游地区林业系统单位在岗职工年末人数

单位：人

年份	重庆	四川	贵州	云南	在岗职工人数合计
2010	8582	54312	20984	40982	124860
2011	8053	45811	18888	36883	109635
2012	8103	45604	18836	34056	106599
2013	7367	44520	18736	32815	103438
2014	7236	42733	17845	32342	100156
2015	6927	40869	17660	32855	98311
2016	6513	40917	14923	30474	92827
2017	5375	38906	20054	29905	94240

资料来源：历年《中国林业统计年鉴》。

表 7-11　2010~2017 年长江上游地区林业系统单位每年支付的在岗职工工资总额

单位：元

年份	重庆	四川	贵州	云南	工资合计
2010	294122304	1560981192	495012560	1137619338	3487735394
2011	324938550	1535722153	445567920	1170703303	3476931926
2012	343267389	1743760148	452252360	1297465488	3836745385
2013	351265927	1907370360	463135184	1354767275	4076538746
2014	435701268	2244166228	706358635	1638154642	5024380773
2015	476272812	2422387368	701366900	2116124840	5716151920
2016	533864097	2731700754	1055071023	2480370282	6801006156
2017	558677500	2725832172	1381098926	3011014830	7676623428

资料来源：历年《中国林业统计年鉴》。

　　2010 年长江上游地区林业系统单位每年支付的在岗职工工资总额为 34.88 亿元，2017 林业系统单位每年支付的在岗职工工资总额为 76.77 亿元，提高了 41.89 亿元，是 2010 年的 2.2 倍。长江上游地区林业系统单位每年支付的在岗职工工资支付总额增长较快。

第三节　社会效益

一、社会效益构成

社会效益是指由于森林资源本身的存在或在开展林业生产过程中，为社会提供的贡献，反映了森林所产生的间接效益和影响（国政，2011）。社会效益指标包括可量化的社会效益指标和潜在的社会效益指标，可量化的社会效益指标主要体现在林业在区域经济中的比率、林业职工就业率等方面，潜在的社会效益指标包括公众对林业生态发展的认识程度等（国政，2011）。

二、社会效益评估

1. 林业在区域经济中的比率

2000~2019 年，长江上游地区的林业总产值和 GDP 都不同程度地呈上升趋势，且 GDP 的增长速度快于林业总产值的增长速度，使林业在区域经济中的占比有所下降（见表 7-12），但 2010 年以来，总体比重变化幅度不大。

表 7-12　2000~2019 年长江上游地区林业总产值和 GDP 数据

年份	林业总产值（亿元）	GDP（亿元）	比重（%）
2000	127.74	8760.31	1.46
2001	124.34	9541.93	1.30
2002	139.81	10514.12	1.33
2003	172.88	11871.17	1.46
2004	190.78	14173.92	1.35
2005	219.35	16320.98	1.34

年份	林业总产值（亿元）	GDP（亿元）	比重（%）
2006	267.50	18924.59	1.41
2007	297.16	22895.15	1.30
2008	335.77	27648.57	1.21
2009	379.71	30763.72	1.23
2010	368.54	36937.40	1.00
2011	460.52	45633.01	1.01
2012	475.00	52444.07	0.91
2013	590.57	59094.50	1.00
2014	652.29	64880.24	1.01
2015	721.08	69892.10	1.03
2016	817.89	77240.28	1.06
2017	1042.30	86322.12	1.21
2018	1110.06	100725.30	1.10
2019	1156.24	110214.70	1.05

资料来源：中经网统计数据库—分省宏观年度库。

2. 带动就业人数

2011 年长江上游地区林业系统单位从业人员总数为 141927 人，2017 年林业系统单位从业人员总数为 159978 人，提高了 18051 人，是 2010 年的 1.13 倍。林业系统单位从业人员总数包括林业系统单位从业人员年末人数、林业系统单位其他从业人员年末人数之和。2011 年以来，长江上游地区的林业系统单位从业人员年末人数呈先下降再上升的发展趋势，总体来讲，林业系统单位从业人员年末人数变化不大；林业系统单位其他从业人员年末人数呈下降再迅速上升的发展趋势，2016 年比 2015 年增加了近万人，2017 年达到 32869 人，是 2011 年的 2.04 倍（见表 7-13、表 7-14、图 7-8）。

表 7-13　2011~2017 年长江上游地区林业系统单位从业人员年末人数

单位：人

年份	重庆	四川	贵州	云南	合计
2011	8073	48379	26004	43325	125781
2012	8150	47362	25920	42593	124025
2013	7480	46385	25861	40666	120392
2014	7254	44714	22697	39211	113876
2015	7087	44689	22512	39433	113721
2016	6756	47636	20452	43140	117984
2017	5586	53089	21423	47011	127109

资料来源：历年《中国林业统计年鉴》。

表 7-14　2011~2017 年长江上游地区林业系统单位其他从业人员年末人数

单位：人

年份	重庆	四川	贵州	云南	合计
2011	20	2568	7116	6442	16146
2012	47	1758	7084	8537	17426
2013	113	1865	7125	7851	16954
2014	18	1981	4852	6869	13720
2015	160	3820	4852	6578	15410
2016	243	6719	5529	12666	25157
2017	211	14183	1369	17106	32869

资料来源：历年《中国林业统计年鉴》。

　　长江上游地区大力发展以森林为依托的种植、养殖、旅游、休闲、康养等生态产业，一方面，实现了林业生态可持续发展，并为广大公众持续提供优美的景观、自然、美学等丰富资源；另一方面，实现林业生态发展区域内一大批农民的就地、就近就业，进而增加农民收入。例如，重庆以 14 个国家级贫困区县为重点和 4 个市级贫困区县为补充，以建档立卡贫困户人员为对象，精准开发生态护林员公益岗位，开展上岗技能培训和规范

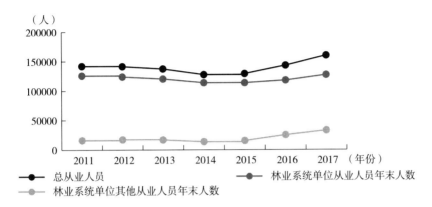

图7-8　2011~2017年长江上游地区林业系统单位从业人员、
其他从业人员年末人数情况

资料来源：历年《中国林业统计年鉴》。

管理。截至2019年底共聘请生态护林员1.9万人，生态护林员人均年劳务收入5000元左右。

3. 提高公众对林业生态发展的认识程度

认知通常是从心理学角度界定的，是指主体从周围环境中认识事物与应用知识的过程，包括信息的感知能力和提出与加工技能。认识行为是主体心理活动与行为表现的基础，是主体最基本的心理活动。林业生态发展带来的重大社会效益提高了公众对林业生态发展的认知和支持行为。一是提高了林业生态发展区域内农户对森林资源禀赋、使用状况及生态效益政策宣传等认知，积极保护生态的同时，并通过学习新的林业经营技术等，提高林业经营效益。二是提高了当地政府对生态环境保护、生态产业发展的综合认知，能够积极宣传生态保护的重要性，引导当地居民的生产和生活行为，并积极探索林业生态相关的产业发展模式，助力生态效益和经济效益的共赢发展。三是约束当地相关企业的生态保护的负向行为，引导其不断探索生态发展框架下的企业研发活动、企业生产活动、企业发展理念和可持续发展战略等。

第四节 三大效益的相互转化与价值实现

林业经济在发展过程中是非常复杂的，林业经济是环境社会经济系统的重要组成部分，为了保证林业经营过程中综合效益得到更好的解释，要对林业三大效益有一个正确的认知：在人类社会不断发展的过程中，三大效益在供给方面并不一定产生矛盾（张立平，2014），在一定环境下，三大效益之间可以相互转化。

例如，森林直接效益（如林副产品等）的实现，意味着森林实物量的减少，而森林生态效益的实现则并不意味着一定要减少森林实物量，例如，森林在提供各种生态功能时，并不减少森林的质量和数量，森林实物量的减少也并不一定会减少森林生态效益（刘梅娟等，2006）。同时，三大效益在需求方面出现了一定的变化，在不同的区域和空间出现了不同的组合，在林业经济发展过程中都要不断进行必要的调整，这样才能更好地促进林业经济的发展（张立平，2014）。

在此，分享一个典型案例，即"重庆市森林覆盖率指标交易案例"①，以此来说明效益的转化与实现。

一、案例背景

2018年，重庆市印发了《国土绿化提升行动实施方案（2018—2020年）》，提出到2022年全市森林覆盖率从45.4%提升到55%，2018～2020年计划完成营造林1700万亩。为了促使各区县切实履行职责，重庆市将森林覆盖率作为约束性指标，对每个区县进行统一考核，明确各地政府的主体责任。同时，考虑到各区县自然条件不同、发展定位各异、部分区县国土绿化空间有限等实际，印发了《重庆市实施横向生态补偿提高森林覆盖率工作方案（试行）》，对完成森林覆盖率目标的确有困难的地区，允许其购买森林面积指标，用于本地区森林覆盖率目标值的计算，让保护生态

---

① 资料来源：自然资源部《关于生态产品价值实现典型案例的通知》。

的地区得补偿、不吃亏，探索建立了基于森林覆盖率指标交易的生态产品价值实现机制，形成了区域间生态保护与经济社会发展的良性循环。

二、具体做法

一是明确任务，分类划标。重庆市将全市 2022 年森林覆盖率达到目标值作为每个区县的统一考核目标，促使各区县政府由被动完成植树造林任务，转变为主动加强国土绿化工作，切实履行提高森林覆盖率的主体责任。同时，根据全市的自然条件和主体功能定位，将 38 个区县到 2022 年底的森林覆盖率目标划分为三类：产粮大县或菜油主产区（不包括国家重点生态功能区县）的 9 个区县森林覆盖率目标值不低于 50%；既是产粮大县又是菜油主产区（不包括国家重点生态功能区县）的 6 个区县目标值不低于 45%；其余 23 个区县的目标值不低于 55%。

二是构建平台，自愿交易。构建基于森林覆盖率指标的交易平台，对达到森林覆盖率目标值确有实际困难的区县，允许其在重庆市域内向森林覆盖率已超过目标值的区县购买森林面积指标，计入本区县森林覆盖率；但出售方扣除出售的森林面积后，其森林覆盖率不得低于 60%。需购买森林面积指标的区县与拟出售森林面积指标的区县进行沟通，根据森林所在位置、质量、造林及管护成本等因素，协商确认森林面积指标价格，原则上不低于 1000 元/亩；同时购买方还需要从购买之时起支付森林管护经费，原则上不低于 100 元/亩·年，管护年限原则上不少于 15 年，管护经费可以分年度或分 3～5 次集中支付。交易双方对购买指标的面积、位置、价格、管护及支付进度等达成一致后，在重庆市林业局见证下签订购买森林面积指标的协议。交易的森林面积指标仅用于各区县森林覆盖率目标值计算，不与林地、林木所有权等权利挂钩，也不与各级造林任务、资金补助挂钩。

三是定期监测，强化考核。协议履行后，由交易双方联合向重庆市林业局报送协议履行情况。重庆市林业局负责牵头建立追踪监测制度，印发了《重庆市国土绿化提升行动营造林技术和管理指导意见》和检查验收、年度考核等制度规范，加强业务指导和监督检查，督促指导交易双方认真履行购买森林面积指标的协议，完成涉及交易双方的森林面积指标转移、森林覆盖率目标值确认等工作。

三、主要成效

一是建立了生态产品的直接交易机制。重庆市森林覆盖率指标交易过程中，主要的生态产品是森林资源及其提供的水源涵养、固碳释氧、净化空气等生态系统服务。政府通过设置森林覆盖率这一约束性指标和相应的管控措施，形成了森林覆盖率达标地区和不达标地区之间的交易需求，并建立了完整的市场交易循环和清晰的各方权责。

二是打通了生态产品价值实现的渠道。2019年3月，位于重庆市主城区、绿化空间有限的江北区，为实现森林覆盖率55%的目标，与渝东南的国家级贫困县酉阳县签订了全国首个"森林覆盖率交易协议"，积极促进生态保护成本共担、生态效益共享，打通了绿水青山向金山银山的转化通道。

三是构建了生态保护的长效机制。重庆市通过建立以森林覆盖率为管控目标的生态保护激励机制和补偿机制，让保护生态者不吃亏、能受益，推动了生态效益与经济效益的有机统一，实现了生态服务受益地区与重点生态功能地区的"双赢"，激励各方更加主动地保护生态环境，提高生态产品供给能力，推动构建生态优先、绿色发展的生态保护长效机制。

第五节　本章小结

本章重点分析三大效益的构成及对综合效益进行分析评估，并且对三大效益的相互转化与价值实现进行简要分析。基本观点如下：

三大效益构成方面，生态效益的构成主要包括支持服务、调节服务、供给服务和文化服务；经济效益主要包括林业产业产值、相关涉林企业的职工收入；社会效益主要包括林业在区域经济中的比率、带动就业人数、提高公众对林业生态发展的认识程度。

三大效益评估方面，重在强调量化思想的重要性，并不在于探索更为有效评估方法，多借鉴已有相关评估指标，结果详见正文。

　　三大效益的相互转化与价值实现方面，要对林业三大效益有一个正确的认知：在人类社会不断发展的过程中，三大效益在供给方面并不一定产生矛盾，在一定环境下，三大效益之间可以相互转化；三大效益在需求方面出现了一定的变化，在林业经济发展过程中都要不断进行必要的调整，这样才能更好地促进多赢目标的实现。

第八章

长江上游林业生态发展外溢效应评估的理论分析与流程设计

第一节　林业生态发展外溢效应评估的理论分析

一、林业生态经济复合系统是外溢效应产生的主体

在环境社会系统相互联系、相互作用中产生的林业生态经济系统是一个以自然环境系统提供的森林生态系统为劳动对象，以社会系统提供一定比例的劳动力、资金、技术、信息等所形成的林业社会系统为基本依托的复合系统（张立平，2014）。经济发展的物质能量需求和林业生态系统的物质能量供给间有着相互影响、相互联系的关系，这一动态变化构成了林业生态经济系统的发展变化过程（陈飞，2016）。生态经济系统是由生态系统和经济系统相互交织、相互作用、相互结合而成的复合系统。经济系统与生态系统之间存在着物质、能量和信息的循环与转换，两者间存在着交互耦合的关系。林业生态经济复合系统既能产生经济价值，又能产生生态价值，进而实现经济价值和生态价值的协调发展（单海燕、杨君良，2017），林业生态经济复合系统是外溢效应产生的主体。生态系统和经济系统两者组成的复合系统从简单到复杂、从低级到高级、从无序到有序的自组织过程，而生态系统和经济系统两者的协调程度将决定生态—经济复合系统的发展情况（黄德春等，2018），从某种程度也决定了外溢效应产生的效果。

二、林业综合效益外部经济性的反馈形成外溢效应

森林的多功能属性是林业经营综合效益的形成基础，人类的劳动参与是林业经营综合效益的形成中介，社会需求程度是林业经营综合效益的形成条件，而林业系统的良性循环则是林业经营综合效益长期稳定发挥作用的根本保证（张立平，2014）。当森林发挥涵养水源、保育土壤、固碳制氧等生态效益时，这些生态效益是一种无形效益，其不能被贮藏和移动（刘梅娟，2006），因此，森林生态效益产生了极强的外部性。这种生态效

益可被非林业经营部门乃至全社会无偿享用而不必为此支付相应的费用，且生产者难以对其进行控制，也无法迫使受益者支付补偿费，其他主体对生态效益外部经济性的反馈形成生态效益的外溢效应。生态效益的外溢效应是外溢效应的主体，主要在于森林生态效益的这种外部经济性，从技术角度来讲难以用货币准确计量，而公共物品属性又使森林生态效益的产出可以不需要森林所有权的转移，甚至可以不经过生产者的同意就被消费者所利用（刘梅娟等，2006）。森林产生的经济效益和社会效益也具有外部经济性，其他主体对其外部性的反馈也形成了林业经营的外溢效应。

三、价值认知是外溢效应评估的基本导向

1. 生态环境与经济协调发展产生更大的外溢效应

生态环境与经济协调发展是指在保证经济健康持续发展的同时也使生态环境条件得到同步改善，其实质是充分利用生态环境与经济之间相互促进的作用关系，实现共同发展（陈飞，2016）。生态环境与经济协调发展包括彼此关联的三个方面：经济系统的发展、生态系统的发展以及两者的协调发展。生态环境与经济协调发展并不意味着"平等发展"，而是相互促进的发展，有"共同发展"的含义，具体包括三种情形：①生态环境与经济协调发展是在生态环境承载力阈值之内的发展，超出生态阈值所表现出来的生态环境问题是生态环境与经济非协调发展的主要标志；②生态环境与经济协调发展是一种兼顾经济增长与生态环境保护的发展，是一种生态效益与经济效益"双赢"的共同发展，生态环境与经济协调发展追求的应是高水平的协调发展，即"双赢式"协调发展；③生态环境与经济协调发展是一种相互促进的发展，经济的增长促进了生态环境的改善，改善生态环境又为经济增长提供进一步发展的空间，支撑经济的快速发展（李胜芬、刘斐，2002）。其中，第2种、第3种情形有利于可持续发展目标的实现。两个系统中存在着能量、信息等的相互作用和影响，从而形成了一个相互协调和影响的系统，即耦合系统，表现出一系列特征和协同进化的发展趋势（董沛武、张雪舟，2013）。

协调发展的目标是实现区域经济发展与生态环境保护共赢的局面。以生态学和可持续发展思想为指导，重新反思人与自然的关系，通过转变产业发展理念、发展模式，减少经济活动对环境的冲击和消极影响（李天

芳，2017）。生态环境是发展基础、区域经济是关键条件、创新因素是重要环节。根据创新驱动的能力和区域经济发展过程中生态环境的突破作用，以创新驱动为中间力量，来实现区域经济发展与生态环境保护共赢的局面（周雪娇、杨琳，2018）。

生态环境与经济协调发展的核心问题是经济系统与生态环境系统的耦合与发展问题。在生态环境承载能力范围内，在生态环境系统良性发展的基础上，实现经济增长最大化的同时依靠经济增长为生态环境的改善提供物质技术保障（盖凯程，2008）。

2. "两山理论"的提出，使得外溢效应不断放大

党的十八大报告对生态文明建设给予了前所未有的高度重视，并多次提出"既要金山银山，又要绿水青山"，为林业发展指明了方向。既对立又统一的林业生态经济系统中生态与经济的不可分割性，以及林业的生态功能及生态系统的不可替代性客观上要求在保证一定的生态良性环境的基础上，实现林业生态与经济协调发展。只有林业生态与经济协调发展才能保证自身的良性循环发展，实现国际社会共同的可持续发展目标的要求。提高生态环境承载能力，为经济的进一步发展提供空间，并通过科学的协调机制实现生态环境子系统与经济子系统的良性耦合和有机结合，两者相互促进，共同发展，最终促进整个生态经济系统的持续稳定健康运行（盖凯程，2008）。

四、价值评估是外溢效应评估的工具尺度

林业的生态效益和社会效益不能很好地量化，不利于建立林业的生态效益和社会效益的补偿机制，难以对林业生态效益和社会效益进行价值补偿，不利于实现林业的可持续发展（龚传洋，2005）。经济效益计量现阶段也主要以货币为主要计量工具，在实践中，有些实物的经济价值并未得到有效衡量。科学选择价值评估内容与价值评估方法以尽可能全面公允地进行外溢效应评估。

五、价值显化是外溢效应评估的方向选择

依据外溢的方向分为正向溢出和负向溢出。林业产生的效益一般包括

生态效益、经济效益和社会效益，其中生态效益是林业的最重要效益，而林业的生态效益评价以森林生态系统服务功能为基础。生态利益有两种表现形式：一是显性利益，以森林为例，主要是指林木等经市场交易而实现的经济利益回报；二是隐性利益，主要是指森林具有的保持水土、涵养水源、净化空气、美化环境等功能（吕志祥、闫妮，2016）。在实践中，林业生态效益多是显性利益，即林业经营的产品在市场经济条件下通过市场交换实现其价值（彭秀丽等，2019）。而林业为社会提供了多样化服务多是以隐性利益的形式出现，其中有可以量化的，也有不可以量化的，更多的利益形成了外溢效应。近年来，随着生态效益补偿政策的倡导与落实，使部分外溢效应得以补偿，具体实践多在探索中。

第二节　长江上游地区林业生态发展外溢效应评估流程设计

一、评估原则

1. 全面性原则

综合效益的内涵相对丰富，包含的内容相对宽泛，设计的指标相对较多，所选指标应尽可能全面、综合评估林业生态发展的效益水平。

2. 代表性原则

社会效益和经济效益评价是一项复杂的工作，涉及的指标众多，因此在选择指标时要尽量做到具有代表性，能够全面、准确、系统地反映出经济、社会各个要素的变化情况（淡亚男，2017）。

3. 科学性原则

各项指标的选取都要有相应的理论作为基础，同时指标要科学合理，并能够客观、公正地反映出林业生态发展所产生的综合效益。

4. 可操作性原则

建立的具体指标应简单明了，容易理解，并且指标的获取和计算要具有可操作性。

二、评估流程

1. 了解评估区域基本特征

一个林业经营与发展对所在区域，甚至更大区域的影响是方方面面的。在进行林业生态发展综合效益评估之前，首先要对研究区域的自然地理、人口、经济发展、生态与资源环境等基本特征进行了解与把握。

2. 效益评估内容范围确定

在生态效益评估方面，主要是围绕其生态系统服务价值来开展的。在经济效益评估方面，现阶段主要以用货币计量来进行反映。在社会效益评估方面，现阶段主要以用定性指标进行反映，量化指标相对较少，但未来发展方向是在比较成熟的领域，探寻各种价值之间的相互转化。对林业生态发展的价值评估使研究外溢效应成为可能。

3. 构建综合效益评价指标

（1）确定初选指标。

结合理论研究与实践应用，综合确定林业生态发展的生态社会经济效益初选指标。

（2）修改调整指标。

初选的指标大部分是从基础理论、实践而来，但通常是未经实践检验的，在实践中可能遇到数据监测困难、监测周期较长、数据有缺失值等状况，对相关指标进行检验校对，删去一些不适合的指标，补充之前缺失的指标，使指标设计更加切实可行。

（3）确认最终指标。

通过对前两个过程的多次重复和修订，最终确认林业生态发展综合效益评价的具体指标。

4. 选择科学效益评估方法

在林业经营效益被认可的同时，各级政府、管理部门、相关协会等主体都在探寻各类效益的评估方法。目前，常用的评价方法主要有费用支出法、市场价值法、边际机会成本法、影子项目法、价值当量、模拟市场法等，并且在不断探寻生态学、经济学、资源学等学科的交叉研究方法，力图更加公允地评价林业生态发展所带来的生态效益、经济效益和社会效益。现阶段的研究方法，通常只能在价值显化的情况下，尽可能做出量化评估。林业生态产品和精神产品所提供的服务，具有实物形态，能够进行监测计量的，可以通过有形市场进行交易。不具有实物形态的或难以计量的，仍具有商品属性，可以用市场价格或替代价格进行评价与核算（龚传洋，2005）。

在认知上，现有量化方法绝大部分是对显化价值的量化，通常小于产生的总量价值。应遵循"多种计量单位并用的计量假设"，即除了可以用货币单位反映其成本和效益外，也可以用实物指标、劳动指标或指数，甚至用文字说明对社会所做出的贡献和造成的损失（龚传洋，2005）。不断探寻更为科学的量化方法，随着现代技术的发展，探寻多学科交叉的评估方法可能更显公允度。

5. 林业生态发展外溢效应评估

在了解评估区域的基本特征、评估内容的大致确定、建构综合效益评价指标、选择科学的评估方法等流程基础上，进行林业生态发展外溢效应评估。

（1）区分综合效益和外溢效益。

在进行林业生态发展综合效益评估的基础上，结合研究区域基本特征、政策、市场等综合背景确定核心效益和外溢效益。

（2）外溢效应显化。

林业生态发展所产生的综合效益有些是可以量化的，有些是不可以量化的。现阶段，经济效益多是以货币形式衡量，其主要价值是可以量化的。林业生态效益多以森林生态系统服务功能的价值来评估，这部分价值因在我国政策实践和生产实践中有比较成熟的理论与现实基础，在实践中通常是根据需要进行部分评估或是重点评估，因受研究方法局限，有一定的量化应用。社会效益评价多为定性描述，社会效益中的绝大多数利益形成了外溢效应。在外溢效应评估过程中，应尽可能将外溢效益显化。

（3）不断丰富外溢效应的内涵。

林业是人类与森林资源及其环境之间的关系的总和，并随着经济发展和社会需求变化而发展（陈云芳，2012；杨超等，2020），林业生态发展的外溢效应的内涵也要不断发展。可多采用市场调研考察、了解相应区域社会或群体对生态服务功能的实际需求，以进一步丰富林业生态发展外溢效应的内涵。

第三节 长江上游地区林业生态发展外溢效应分析

一、生态效益外溢效应

森林产生的生态效益通常包括保护防止水土流失、防风固沙、蓄水等多种核心功能（龚传洋，2005）。近年来，随着人们对精神产品需求的日益增多，森林对环境的美化功能、对人类生活居住环境的改善，为人类提供游玩、娱乐、休憩的场所和美丽的自然景观等，森林所提供的生态产品类型日渐丰富。

国家林业和草原局制订的国家标准《森林生态系统服务功能评估规范》（GB/T 38582—2020）中指出，森林生态系统服务功能是指人类从森林生态系统中获得的各种惠益，包括支持服务、调节服务、供给服务、文化服务等。其中，支持服务包括保育土壤、林木养分固持；调节服务包括涵养水源、固碳释氧、净化大气环境、森林防护；供给服务包括生物多样性、林木产品供给；文化服务包括森林康养[①]。依托此规范，能够对林业产生的主要生态效益进行评估，但在实践操作中，还有以下局限：

1. 更多的生态效益不能被有效测量

受到定量方法、区域特征、监测点数据等多因素影响，评估的生态效益通常会小于或远远小于实际产生的生态价值，更多的生态价值以生态效益的外溢效应形式而存在。就公益林而言，几乎没有或仅有少量经济收益，但其生态效益也被社会无偿使用（田淑英等，2011）。随着生态价值被逐渐认知，外溢效应产生的价值被认知的广度和深度也在不断加强，也使得外溢效应产生的价值被测量为生态效益。例如，森林调节水的作用受

---

① 保育土壤包括固土、保肥；林木养分固持包括氮固持、磷固持、钾固持；涵养水源包括调节水量、净化水质；固碳释氧包括固碳、释氧；净化大气环境包括提供负离子、吸收气体污染物、滞纳 TSP、PM10、PM2.5；森林防护包括防风固沙、农田防护；生物多样性包括物种资源保护；林木产品供给包括木材产品、非木材产品。

"林冠层截持—林内灌草层截持—林地枯枝落叶层和苔藓层拦蓄—森林土壤层含蓄"所构成的一个综合复杂过程影响，90%以上取决于森林长期演替形成的复杂土壤结构，而这种复杂的土壤结构地区差异较大。

2. 依靠科学经营进而扩大生态效益总体规模

做好林业经营规划，可以有计划地选择播种技术、林种搭配等林业先进科学技术等，以提高林业经营效率，进而提高林业经营产生的生态效益水平。例如，长江上游地区有很多针阔混交套种的复层异龄林，更形成了多树种、多层次的人工林生态系统，对林地与林木而言，林种间种等措施，可以通过土壤改良效应、水文效应、生物种群效应促进林木生长，保护森林资源。更可以最大程度达到保持水土、维护生物多样性、提升森林蓄积、改善林分质量的目的，做到可持续发展。

3. 产生更大区域与更持久的生态效益

长江上游地区林业生态环境在国家生态安全中具有战略性地位，其区域内林业生态与资源状况的好坏不仅影响到本地区的生态安全，也影响到中下游地区的生态环境。长江上游地区林业生态发展具有更大、更多的林业生态效益的价值，其外溢效应也更大。

4. 生态效益内涵不断丰富和发展

人们对生态系统服务的价值需求是一个动态演进的过程。党的十九大报告提出，要提供更多优质生态产品以满足人民日益增长的优美生态环境需要，把提供更多优质生态产品与满足人民美好生活的需要联系起来，提供更多优质生态产品是一个系统工程（王前进等，2019）。在此背景下，生态效益的内涵将会不断被丰富。

二、经济效益外溢效应

经济效益现阶段主要以货币形式进行衡量。长江上游地区的林业生态发展中直接实现林产品的货币价值是经济效益最重要，也是最直接的表现形式。在实践中，还存在可以计量和不可计量的经济效益。

1. 影响生产要素的配置效率，进而影响经济效益规模和结构

例如，发展经济林，种植和采摘林下产品，直接实现林产品的货币价值。发展经济林，不仅改变了生产要素的经营效率，同时也改变了生产要素的投入与土地、资本和劳动力等要素之间的配比，影响了农户家庭、所

在区域，甚至更大范围的生产要素的配置效率，进而影响农户家庭、所在区域，甚至更大范围的经济效益的规模和结构。

2. 增加生产经营主体的经营意愿和积极性

以农户种植经济林为例，通过农林复合经营和森林景观利用的方式，根据树种、林龄、气候、立地条件、交通设施等因素选择适宜间作物种等生产林产品，产生林业经济效益，改变农户预期收益，进而影响林业经营行为决策，提高所在区域农户的生产经营意愿；增加其生产经营投入，进而影响林地经营效率，获得更多的经济收入（经济效益），而农户林业经营行为决策又会对森林资源产生影响（生态效益）。

3. 产生更多的经济效益、社会效益和生态效益

例如，随着人们精神需求的逐渐增大，森林康养旅游、休闲旅游等旅游方式备受消费者喜欢，在创造旅游收入的同时，也能带动当地经济的增长，带动所在地农户的直接就业和间接就业，在产生经济效益（创造旅游收入）的同时，又产生了经济效益的外溢效应，既表现为带动经济效益（带动当地经济增长），又表现为社会效益（带动就业，解决就业问题），也表现为增加农民林业生态发展行为的长期性（持续的生态效益）。再例如，发展经济林这种行为，在经营经济林的同时，在提高土地、光能、热量、水分、时间利用效率的基础上，通过气候调节效应、土壤改良效应、水文效应等生态效应，提高生产技术效率与生产要素配置效率，最终提高林地产出（经济效益），经营者虽然从中获得经济收益，但生态效益被社会无偿使用。发展经济林对于保障我国农田粮食安全、增加农民收入、改善生态环境具有很大的作用，但这部分价值很多没有进行价值衡量，产生了经济效益的外溢效应，这种效应既表现为经济效益（增加农民收入），又表现为社会收益（保障农田粮食安全），也表现为生态效益（改善生态环境）。

三、社会效益外溢效应

社会效益通常是不能用货币计量来进行反映的，是一种非货币的社会效益反映，主要体现于人们在身心方面的满足，因此，在社会结构不断发生变化的情况下，人们在发展过程中更加重视的精神文明建设（张立平，2014），包括对经济发展、社会的进步与稳定、人民的健康与安全、文化

教育及精神生活的改善等方面的促进作用（国政，2011）。林业社会效益外溢效应主要是指林业生态发展过程中产生的社会效益所带来的间接效益和影响。

1. 促进农户生计方式的多样化转变

为了促进林业生态发展，对农户非林就业技能培训的投入、保护公益林生态环境的基础上招商引资等政策措施，增加了农户的非林就业机会，避免农户对传统林业产业的依赖，使农户原有简单的生计方式转向多样化经营的生计策略。

2. 提高公众对生态环境的满意度

林业生态发展能够改善周围生态环境，进而提高公众对生活环境的满意度。一是保证农户身心健康，从而提高农户对所在区域林业生态环境的满意程度；二是调动相关企业对林业生态建设的积极性，利用搞好林业发展经营规划，实现经济效益和生态效益共赢。对于当地政府而言，提高社会公众生态环境满意度已成为政府追求的重要目标。

3. 以生态助扶贫、以扶贫保生态

近年来，大力实施林业工程建设、林业产业发展的过程中，林业政策、林业改革、林业科技、森林生态效益补偿等活动的开展，相关政策的实施，以生态助扶贫、以扶贫保生态，"绿水青山"源源不断地变成"金山银山"。例如，在林业产业扶贫方面，重庆市重点指导贫困地区发展林业种植业和森林旅游康养业。2018~2019 年，在 14 个国家级贫困区县新增特色经济林约 300 万亩。同时，积极推进生态旅游、康养旅游发展，支持贫困区县申报森林体验养生基地，以生态助扶贫、以扶贫保生态。

第四节　本章小结

本章主要包括林业生态发展外溢效应评估的理论分析、长江上游地区林业生态发展外溢效应评估流程设计、长江上游地区林业生态发展外溢效应分析三部分内容。基本观点如下：

林业生态发展外溢效应评估的理论分析：林业生态经济复合系统是外溢效应产生的主体；对林业综合效益外部经济性的反馈形成外溢效应；价

值认知是外溢效应评估的基本导向；价值评估是外溢效应评估的工具尺度；林业生态发展综合价值的显化是外溢效应评估的方向选择。

长江上游地区林业生态发展外溢效应评估流程设计：要遵循的评估原则为全面性原则、代表性原则、科学性原则和可操作性原则；评估流程包括评估区域的基本特征、评估内容的范围确定、构建综合效益评价指标、选择科学的评估方法、林业生态发展外溢效应评估等步骤。

长江上游地区林业生态发展外溢效应分析：生态效益的外溢效应具体包括：①更多的生态效益不能被有效测量；②依靠科学经营进而扩大生态效益总体规模；③产生更大区域与更持久的生态效益；④生态效益内涵不断丰富和发展。经济效益的外溢效应具体包括：①影响生产要素的配置效率，进而影响经济效益规模和结构；②增加生产经营主体的经营意愿和积极性；③产生更多的经济效益、社会效益和生态效益。社会效益的外溢效应具体包括：①促进农户生计方式的多样化转变；②提高公众对生态环境的满意度；③以生态助扶贫、以扶贫保生态。

第九章
典型国家林业生态补偿的国际经验

作为一种实现环境保护和可持续发展的创新方法，生态补偿在发达国家和发展中国家不断被运用。国外往往采取"环境服务付费"（Payments for Environmental Services），实行生态补偿（阙占文，2011）。发达国家在森林生态效益补偿方面走在了世界前列，很好地解决了森林生态保护与林业产业发展之间的关系问题，积累了许多成熟的经验（李少杰，2009）。

第一节 美国林业生态补偿实践

受到干旱、泥石流和经济衰退的影响，美国很早就采取环境服务付费政策。1936 年，美国实施土地休耕计划。该计划延续时间长、涉及范围大。在美国的土地休耕政策中，政府提供租金或其他资助，鼓励农地所有人将土地从农业生产转为更加环保的土地用途。1985 年，农场法案首先设立了土地保护性储备计划（Conservation Reserve Program，CRP），1990 年，农场法案又增设了湿地恢复计划。面对逐渐严峻的农业生态环境保护形势，美国农场法案在 1996 年、2002 年及 2008 年增加或修订了一些计划。

目前，土地保护性储备计划、环境保护激励计划、湿地恢复计划和环境保护强化计划是美国非常重要的生态补偿项目，其预算规模和覆盖面积占美国联邦生态补偿预算和面积的 93% 和 97% 以上。2007 年，美国农业部在环保休耕计划方面的支出超过 18.2 亿美元，休耕的土地达 3680 万亩（阙占文，2011）。环保休耕计划开始是一个土地保护和商品减少的项目，但当保护效果被确定和量化时，其他利益相关者承认环保休耕计划产生多重环境收益的潜力时，并且环保休耕计划逐渐超越土地保护，更多地关心野生动物的栖息地、水质和碳汇（阙占文，2011）。

在美国，各种防护林、野生动物保护区的森林、国家公园的森林、休憩林、风景观赏林和城市森林以及国有林（含州政府所属的公有林）的更新造林全部由国家投资（包括联邦政府和州政府）（李少杰，2009）。各种扶持政策所确定的补助、补贴资金也是由政府支付。在充分发挥政府补偿主体作用的同时，积极利用市场手段提高森林生态效益。鼓励几乎所有的森林工业企业（包括外国企业或独资企业）以股份制、合作、租赁等形式建立原料林基地（李少杰，2009）。通过拓展森林生态效益补偿范畴，将部分补偿资金用于鼓励发展林业多种经营。除发展锯材、木制品加工等传统林木产业外，还非常重视发展种类众多的非林非木产品。主要包括食用林产品、木质特色产品、花卉及绿色装饰物、药用及保健营养品四类（薛建明、张凯，2007；尹凤梅，2007）。应使保护森林生态环境与开发非林非木产品协调统一起来，有效解决保护生态与林区生活人员收入降低之间的矛盾。

2014 年，美国修订后的《农业法》就在传统政府主导的生态补偿项目中引入市场机制，立法上生态补偿政府与市场机制的相互渗透也开始出现（徐丽媛，2017）。另外，政府制定了法定蓄积量的可交易权计划，在行政调节下由私人组织开展森林采伐权的交易，可见，美国政府是森林生态补偿的主要支付者，在政策和法律的引导下，同时利用了市场机制、竞争机制和激励机制作为有效的补充机制（刘以、吴盼盼，2011；林黎、付彤杰，2011）。

第二节　英国林业生态补偿实践

1988 年，对于私有林的建设和维护，英国颁布了《英国农场林资助方案》，后来陆续修改颁布了《英国农场林补贴方案》《英国农场林补贴方案补充案》《苏格兰林业资助项目农业补贴计划》等。为了加强林业环境保护和创建如生物多样性和公众进入等社会利益，英国林业委员会提供了包括森林规划补助金、森林评估补助金、林地更新补助金、森林管理补助金、森林改良补助金、造林补助金在内的 6 种类型的整套补贴方案（徐丽媛，2017）。

2009 年，为了实现林业的可持续发展以及满足公众对环保的高度关注，英国将政府林业绿色采购政策纳入法制轨道，对接欧盟出台了《森林执法、施政与贸易行动计划》，引入市场机制，实施政府绿色采购政策（徐丽媛，2017）。英国的市场生态补偿主要适用于能源节约和减少温室气体排放等（徐丽媛，2017），是以政府主导为主，市场机制起到了辅助的作用（任世丹、杜群，2009）。

近年来，英格兰林业委员会发放的各项补助金和赠款基本呈现增长的趋势，2014~2015财政年度英格兰林业委员会发放的各项补助金和赠款总计达0.374亿英镑，占林业委员会整体支出的32.38%（徐丽媛，2017）。

第三节　德国林业生态补偿实践

德国生态补偿与行政补偿密切关联。《德意志联邦共和国基本法》（2001年修订）第15条规定："土地与地产、天然资源与生产工具，为达成社会化之目的，得由法律规定转移为公有财产或其他形式之公营经济，此项法律应规定赔偿之性质与范围。"环境保护具有明显的公益性，为了实现这一公共福利，国家进行了农地保护、禁止砍伐等权利限制，对于这些特别牺牲者由政府予以补偿（徐丽媛，2017）。森林生态补偿方面，对于一些私有林的补偿，德国联邦和州政府按照60%和40%的比例进行分担（徐丽媛，2017）。德国通过市场机制实现生态补偿，通过循环经济系列立法对以商品形态存在的生态产品适用（徐丽媛，2017）。

德国易北河流域生态补偿实践是比较著名的流域生态补偿的案例。易北河贯穿两个国家，上游在捷克，中下游在德国。1980年以前从未开展流域整治，水质日益下降。1990年以后，德国和捷克达成采取措施共同整治易北河的双边协议，成立双边合作组织，由两国的专业人士组成，目的是长期改良农用水灌溉质量，保持两河流域生物多样性，减少流域两岸污染物的排放。2000年，德国环保部拿出900万马克给捷克，用于建设捷克与德国交界的城市污水处理厂，下游对上游经济补偿。当易北河水质已大大改善后，德国又开始在三文鱼绝迹多年的易北河中投放鱼苗并取得了可喜的成绩。可见，生态补偿机制不仅可以在省内、国内建立，也可以跨国建立（任世丹、杜群，2009）。

第四节　澳大利亚林业生态补偿实践

澳大利亚为了应对新北威尔士地区土地盐渍化的问题，引入了"下游灌溉者为流域上游造林付费"的生态补偿计划。这项计划的参与双方一方为新南威尔士的林业部门，另一方为马奎瑞河食品和纤维协会。前者是生态服务的提供方，职责是植树造林；后者是生态服务的需求方，由马奎瑞河下游水域的灌溉农民组成。双方签订协议，由马奎瑞河食品和纤维协会向新南威尔士林业部门支付费用以用于其上游植树造林（冯俏彬，2014）。

澳大利亚在发展锯材、人造板、纸和纸板等传统森林工业的同时，大力发展非木材林产品，主要为蜂蜜、桉叶油和森林花卉等（李少杰，2009）。非木材林产品相关产业的发展有效增加了当地居民的收入，激发了他们保护森林生态资源的积极性、主动性（李少杰，2009）。

澳大利亚 Mullay-Darling 流域由于森林砍伐造成了盐碱化加重，为此实施了水分蒸发蒸腾信贷，即上游农场主按每蒸腾 100 万升水交纳 17 澳元，或按每年每公顷土地 85 澳元进行补偿，支付十年。拥有上游土地所有权的州林务局，通过种植树木或其他植物获得蒸腾作用或减少盐分信贷，以改善土壤质量（刘以、吴盼盼，2011）。

第五节　日本林业生态补偿实践

早在 19 世纪，日本就确立了政府生态补偿制度。《森林法》（1897年）第 26 条规定："因编入保安林而受损害之森林，其所有者，惟于禁止伐木之处，所受直接之损害，得求补偿。但对御料林、国有林，不在补偿之列。"第 2 款："前项之损害，系申请者，由申请者补偿之；系命令者，由政府补偿之。但系申请者之补偿，政府得补助其三分之一。"根据《森林法》，保安林设定的目的是为维护公共利益所需，日本现行《森林法》延续了这一制度（徐丽媛，2017）。2001 年，日本制定的《森林/林业基本法》，明确规定日本的森林、林业政策由以前的主要从事木材生产为主转变为如何持续发挥森林所拥有的多样化功能，强化了对森林资源的生态保护（薛建明、张凯，2007）。

日本国政府非常重视自然生态环境保护工作，国家直接管理的国有林基本上都是防护林，法律规定防护林是不能随意砍伐的。日本的私有林一般以家庭为单位，独立进行经营管理活动。私有林中被划定为防护林的部分，纳入全国防护林体系，由国家统一管理，政府向林主提供经济补偿（薛建明，2007）。为保证林业作为一个产业应获得的利润和作为一种公益事业应得到的损失补偿，结合林业行业的特点，日本政府对林业采取林业补助金制度、林业专用资金贷款制度、税收优惠政策三种经济扶持措施，并已形成制度（薛建明，2007）。此外，还有山区振兴政策、国土保安政策、林地开发政策等，大多政策都以法律的形式固定下来，长期不变，为日本的林业建设提供了有力的保证（李少杰，2009；薛建明，2007；薛建明、张凯，2007）。有了这些强有力的保护和扶持鼓励性政策，才使日本林业得以持续健康快速地发展。

为综合开发水资源、推进水源地建设，以及保护水质和环境等，日本政府在"二战"后制定了20多部主要的相关法律。围绕"水资源综合开发"制定了《国土综合开发法》（1950年）和《水资源开发促进法》（1961年），围绕"水资源利用及预防地面沉降"制定了《土地改良法》（1949年），围绕"水源地建设"制定了《琵琶湖综合开发特别措施法》（1972年）和《水源地域对策特别措施法》（1973年）。例如，日本《水源地域对策特别措施法》要求，在因水库等的建设其基础条件被认为发生了显著变化的地域，在进行水源地整备计划事业时，要求受益地方公共团体进行一定的费用负担（徐丽媛，2017）。

第六节　哥斯达黎加林业生态补偿实践

哥斯达黎加是最早运用环境服务付费政策的发展中国家，建立了一个正式、全国付费项目。哥斯达黎加实行环境服务支付项目（Payment for Environmental Services，PES），是全球环境服务支付项目的先导。它的森林生态效益补偿机制对发展中国家森林生态补偿机制的建立具有借鉴意义（刘以、吴盼盼，2011；任世丹、杜群，2009）。

哥斯达黎加的环境服务付费项目源于之前的一些环境保护措施。1996年，哥斯达黎加实施的《森林法》（Forest Law）明确承认森林生态系统提供的缓温室气体排放、水力生态服务、保护生物多样性、提供娱乐和旅游风景四类环境服务。法律为与土地所有人提供的服务签订合同的规范性基础，并且建立林业补助全国基金（冯俏彬，2014），环境服务付费项目由全国林业资助基金管理。

环境服务付费项目最初是完全没有针对性的，现在环境服务付费越来越有针对性。与之前的环境保护措施相比，1996年实施的《森林法》有两个主要改变：一是改变了向木材行业付费的基础；二是从政府预算资助转变到指定用途的税收和受益人付款。

1996年实施的《森林法》为国家森林基金规定了多样化的资金来源，主要包括国家投入资金、与私有企业签订的协议、项目和市场工具（阙占文，2011）。这些来源既有政府公共财政支付的，也有通过市场机制筹集的。两类补偿主体的有机结合、相得益彰，有力地支撑了森林生态效益补偿制度建设（李少杰，2009）。

哥斯达黎加生态补偿效果比较显著的原因在于以下三个方面：法律基础和执行机构稳固；以市场手段为依托开发建立环境服务市场；对公私部门合作及公众支持的重视（任世丹、杜群，2009）。

第七节　本章小结

本章通过梳理、分析、总结美国、英国、德国、澳大利亚、日本、哥斯达黎加等国家在林业生态补偿实践中的经验做法，积极主动吸收好的做法，与中国实际相结合，为构建长江上游地区林业生态发展的补偿机制提供经验借鉴。

第十章

构建长江上游地区林业生态发展的补偿机制

生态补偿机制则是指为改善、维护和恢复生态系统服务功能，调整相关利益者因保护或破坏生态环境活动产生的环境利益及其经济利益分配关系，以内化相关活动产生的外部成本为原则的一种具有经济激励特征的制度（任勇等，2008；孔凡斌，2007）。生态补偿是一种生态环境保护机制（陶金华、纳日碧力戈，2018），本质上是对林业资源进行公平合理再配置的过程（彭秀丽等，2019），目的是保护并可持续利用生态系统服务，利用经济手段来协调相关者利益关系，促进生态补偿活动的实施（彭雷佳、温薇，2018），实质上是一种制度安排。由于生态服务的特殊性，我国在健全完善林业生态补偿政策的过程中，要坚持从实际出发，求同存异，保护林业生态与林业经济相结合，借鉴发达国家比较成熟的制度和经验做法，使我国的林业生态补偿政策更具针对性、合理性和实用性（荣冬梅，2020）。

针对长江流域的林业进行生态补偿机制设计过程中，必须充分考虑流域林业生态补偿的特殊性，充分结合长江上游地区及长江流域的地理自然、经济发展、生态与环境资源条件等具体情况，来进行林业生态补偿机制细节的构建。

第一节　提高林业生态发展思想认知

一、认可林业生态发展的功能价值

在我国加大生态文明建设力度的大背景下，林业发展与林业生态建设成为国家着力发展的领域之一。对于一个国家来说，森林的功能不在于它的绿化和美观，而在于它可以维持生态平衡、提高国家的环境承载力、促进生态文明建设（张春芳，2017），进而提高人民的居住水平。林业生态建设要经历复杂、长期的过程。促进现代林业生态持续发展，已成为各级政府、部门和公众亟须探索的一个问题。

二、响应林业生态发展的理念号召

林业生态发展近年来受到了国内外学者的高度关注。以生态环境效益为目的的经营方式被重视起来，政策导向与实践均证明生态—经济协调发展理念可以使森林资源被多功能利用、多方面利益得到协调。以生态发展理念为基础来发展林业是未来林业产业发展的必然趋势。但这种认知和思想，在普通民众中还存在着认知范围较窄、看客心理等问题。每名民众都应该是林业生态发展的受益者，只有思想上深刻认知，才能产生行动上的促进作用。

三、加大林业生态发展的成就宣传

认可林业价值，加大林业成就宣传力度，以宣传引导为主线，充分利用网络、微博等新兴媒体，呼吁公众认识森林的地位，构建多领域、立体式的生态文明宣教载体，为社会大众参与林业生态文明建设、共享林业生态文明成果提供丰富多样的平台，动员全社会积极支持林业生态建设，以生态效益为核心，实现林业发展综合效益已成为重要的发展方向。

四、统一林业生态补偿的思想认识

长江上游地区的林业以生态公益林为主，生态公益林以保持水土发挥森林生态效益为主要功能，享用森林生态效益的单位和个人应按照"谁享用谁受益、谁补偿"的原则，构建森林生态效益补偿制度（李永启等，2006）。流域上游（本书中为长江上游）地区生态保护者比下游地区的人要付出更多用于生态保护，而中下游地区是上游保护森林的受益者，应当为这种利益支付报酬。

五、提高林业生态补偿的认知水平

林业生态补偿还存在着思想认识往往不统一、对生态补偿认识不到位等认知方面问题，关于林业补偿政策及实践了解程度较高的主要是政策相关者或是主要参与者，而对普通公众来讲，认知程度普遍较低、认知内容普遍较窄。生态补偿工作没有得到社会的积极响应，导致生态补偿群众基础薄弱（彭雷佳、温薇，2018）。可以充分利用网络媒体的言论导向和监督作用，提高民众林业生态补偿的思想认识。

第二节　识别林业生态补偿关键因素

生态补偿机制的关键是围绕为什么要进行生态补偿、谁来补偿、向谁补偿、补偿多少以及如何进行补偿等问题（俞海等，2007），而补偿机制重点解决补偿支付者和接受者、补偿标准、补偿渠道问题（梁丽娟等，2006）。

一、科学确定补偿主客体

林业生态补偿机制运作中首先要解决"谁补偿谁"的问题，即生态补偿主体。林业生态补偿主体是提供生态补偿的一方（彭秀丽等，2019）。林业生态效益补偿的接受者，即林业生态效益补偿的受益者，包括林业资源的所有者、开发使用者和管理者。关于林业生态效益补偿者，存在两种观点：一种观点认为，政府是主要的补偿者；另一种观点认为，由政府主导，社会、林业生产单位、受益单位等主体支付补偿费（彭秀丽等，2019）。发达国家在补偿主体上坚持公共财政支付和市场机制补偿有机结合的方法。合理确定森林生态效益补偿主体是补偿政策的基础内容。

林业生态补偿客体是指接受补偿的一方。当地居民和企业不受生态破坏的影响，补偿对象是当地政府（地方政府有调节补偿的行为）。补偿客体具体分为生态保护做出贡献者①、生态破坏的受损者②、生态治理过程中的受害者③、对减少生态破坏者给以补偿四类（彭秀丽等，2019）。第一类和第二类属于保护者补偿，这两类补偿普遍存在补偿不足、覆盖面有限的问题。在具体实施补偿的过程中，我国往往只考虑第三类和第四类补偿（彭秀丽等，2019）。

二、了解补偿主客体需求

可预先了解相应区域社会或群体对生态服务功能的实际需求，有针对地设计林业生态建设项目，探索多元化生态补偿机制（张坤、唐肖彬，2019）。例如，森林生态补偿不仅要考虑当地农民的直接经济损失，还要考虑农民的实际需求，通过各种优惠政策，改变经济结构和经济增长方式，实现经济效益、社会效益与生态效益的最佳结合（韦贵红，2011）。

三、合理确定补偿标准

补偿标准又称为补偿强度，受益者的征收标准又称为受益者的支付标准，对生态服务提供者的补偿标准和对受益者的征收标准是生态补偿的两个关键指标。补偿标准既要充分考虑受偿方的需求，又要兼顾支付方的意愿，并协调两者之间的关系，达到供需平衡，同时，还要保证生态保护和建设的资金需求（秦艳红、康慕谊，2007）。

林业生态效益补偿标准是以林业生态效益评价为基础的，由以下三方面组成：一是林业生态效益补偿具体包括哪些内容；二是林业生态效益究竟是多少（如何计算）；三是对相应的林业生态效益应补偿多少（彭秀丽等，2019）。在实践应用中，应遵循需要与可行相结合、限制与激励相结合的原则，根据各地区社会、经济发展状况和资源好坏状况分别确定补助标准（彭秀丽等，2019）。森林生态效益补偿的实质是对生态产品定价的

---

① 主要指为了保护生态系统，进行生态投资的政府或居民。

② 主要指林业开发过程中，对林业资源所在地造成的生态破坏，给受害者以适当的补偿激发受损者生态恢复的主动性。

③ 主要指在林地治理或生态系统恢复过程中，为保护与恢复生态停产或搬迁的企业、居民等，这些对象只有通过生态补偿机制才有可能继续生存。

问题，补偿额（或价格）不仅取决于生态产品效用大小，而且取决于生产者花费的机会成本和需求者的边际效用。生态产品和其他产品并无本质区别（刘青柏、刘明国，2005）。现有的补偿标准核算方法是基于经济学中的价值工具货币来量化生态价值进行定量分析，解决了生态价值直观上难以评估的问题（彭秀丽等，2019）。补偿标准的制定是林业生态补偿机制的关键，而林业生态价值评估是确定补偿标准的前提和难点（彭秀丽等，2019）。

四、科学选择补偿方式

国际上，林业生态补偿方式是向受助人提供生态补偿资金的一种方式（彭秀丽等，2019）。常见的生态补偿方式有国家补偿、社会补偿、受益者补偿、自我补偿、公益组织资助等方式①。不同生态补偿方式可以构建相应的政策制度来辅助实施（范振林等，2020）。

通过运用多种补偿方式，加大长江上游地区林业生态环境建设投入，合理分担长江流域各省份的环境保护责任。例如，国家可以加快构建对长江上游地区水源涵养区生态补偿的产业扶持政策，统筹区域协调发展、提高欠发达地区发展能力；调整长江源区、上游地区的产业结构，支持农村新能源建设，搞好生态移民，将产业项目支持列为建立生态环境补偿机制的重中之重（俞海、任勇，2007）。

在实践中，可以综合考虑生态建设和经济发展等诸多因素，以实现"生态和经济耦合发展"为目标，探索针对性、适用性的措施。例如，可以不断探索"生态利用"友好型产业，坚持传统产业和多种经营有机结合

---

① 国家补偿是指按照事权划分，按"谁管理、谁投入"的原则，由各级政府负责。各级政府要责成同级林业主管部门健全补偿制度，明确事权及管理范围，建立合理的投入机制（刘青柏、刘明国，2005）。社会补偿是指建立生态效益补偿机制，广泛开展义务植树和部门造林，实行全社会办林业，全民搞绿化。补偿机制的建立，要齐抓共管、全面展开、重点突破（刘青柏、刘明国，2005）。受益者补偿是指按"谁受益、谁投入"的原则，确定森林生态效益的受益者，并具体规定受益者补偿的资金数量，当然，这是以受益者从森林生态中受益的程度大小来决定的（刘青柏、刘明国，2005）。自我补偿是指积极扶持公益林业经营管理单位发挥资源优势，办产业搞创收，从收益中补偿。比如，发挥生态公益林的优势，搞林业立体经营，充分利用林副产品及林地上其他有益的资源（刘青柏、刘明国，2005）。再比如，充分发挥森林生态系统多资源、多功能、多效益的优势，开发林区非木质林产品资源，因地制宜地发展特色药用植物种植，并开发森林人家、森林康养旅游精品路线，提高赎买后森林自我补偿能力和经营效益（张志国，2018）。

的实践，同时引导社会参与，以实现生态治理转型、生态保护与经济发展共赢（王家庭、曹清峰，2014；赵晶晶等，2019）。在政策制定上，坚持保护性政策和扶持鼓励性政策有机结合。在操作手段上，可以采用环境服务许可等方式购买水源涵养、生态固碳、生物多样性和生态旅游等生态产品（范振林等，2020）。

第三节　构建市场化、多元化补偿机制

2014年，贵州省委、省政府将赤水河作为贵州首个生态文明改革实践示范点，发布《贵州省赤水河流域生态文明制度改革试点工作方案》，其中主要一项就是建立流域生态补偿制度。通过改革的办法和举措，已初步建立起流域上下游联防联控、共保共治、责权明晰、政企联动的长效机制。贵州省通过赤水河的生态补偿措施，验证了"绿水青山"可以变成"金山银山"，且环境保护与财富增长进入相互促进的良性循环。我国的相关政策、学者的相关研究、国外的典型做法中，均多次提到构建市场化、多元化生态补偿机制。在开展长江上游地区林业生态发展补偿机制设计时，可以充分借鉴。

一、多种补偿方式相互结合

国际上，流域生态补偿主要有政府支付、市场支付和环保基金支付三种模式，支付类型通常包括市场贸易、一对一补偿、多对一补偿、生态标记和公共支付等，其中市场贸易、一对一补偿和生态标记属于市场补偿，公共支付属于政策补偿（范振林等，2020）。目前，已有40多个国家实施流域生态服务付费项目，比较显著的特征是市场化程度高、覆盖范围广，但呈现流域管理差异化特征（范振林等，2020）。国际流域生态服务补偿已从政府投资为主逐渐发展到政府、私人企业、金融机构等多渠道、多元化的融资方式（范振林等，2020）。

1. 政府补偿与市场补偿相结合

目前，很少有国家是单一主体补偿，多是两者综合运用，互为补充

（李少杰，2009）。按照谁占主导地位来划分，生态补偿主要有政府主导和市场化补偿两种模式。国外实践中，林业生态补偿主体有政府机构，还有特定的公司实体和居民，它们都是林业生态损害赔偿不可或缺的组成部分。政府在生态补偿制度设计中位于核心地位。但是过度强调国家或政府补偿往往会形成一个封闭的、单一的生态补偿主体，有可能出现"政府失灵"的情况。因此，在林业生态补偿中，不应过分强调单个主体作用（彭秀丽等，2019）。

2. 纵向补偿与横向补偿相结合

要实现公平、科学、合理和高效利用长江流域林业生态环境资源，就要建立健全流域上游、中游、下游地区间生态补偿长效机制。加快推动林业生态补偿横向转移支付，以缓解中央政府的财政压力，体现"谁受益、谁支付"的生态补偿原则（胡书兴，2019）。与此同时，要在环境服务提供者与使用者之间建立起直接的联系，增加双方之间对话的可能（王永强，2011）。

二、跟踪监测林业生态发展

对林业生态发展开展跟踪监测研究工作，为评估和定量化相关生态服务价值提供数据支撑（张坤、唐肖彬，2019）。例如，森林主要提供的生态服务产品是生物多样性保护，这样的生态产品能否量化或是否具有量化的条件，有无开展相关评估的条件，这需要开展预评估来检验（张坤、唐肖彬，2019）。

三、凸显差异化的支付设计

为了发挥生态补偿的激励作用，在生态补偿具体内容设计中，要凸显差异化的支付机制。国外生态补偿不仅融资方式多元化，支付标准也要凸显差异化。一是不同的地区可以根据实际情况制定不同的补偿标准；二是同一地区可以采用不同的环保效果或生态服务等级、不同的支付标准（徐丽媛，2017）。生态补偿支付的另外一个重要问题是补偿年限，补偿年限也要体现差异化。一是生态补偿必须与地区经济发展相结合；二是补偿年限应由产业结构调整取得显著成效所需的时间来决定（黄富祥等，2002；

秦艳红、康慕谊，2007）。

四、开发完善生态服务市场

1. 转变政府职能

发达国家在生态补偿方面，政府是森林生态补偿的主要支付者，在政策和法律的引导下，同时利用了市场机制等作为有效补充。开发和完善生态服务市场，政府应转变在生态补偿中的职能作用，由经济支付和物质支持转向政策调控与引导、生态市场构建、监督管理等（秦艳红、康慕谊，2007）。

2. 探索可交易的生态产品

林业生态效益是林业经营的产品，在市场经济条件下应当通过市场交换实现其价值（彭秀丽等，2019）。发达国家的研究成果和实践经验表明，建立林业生态环境服务市场将是未来发展的趋势（彭秀丽等，2019）。在这里，分享一个森林覆盖率指标交易的案例①。重庆市将森林覆盖率作为约束性指标，对每个区县进行统一考核，同时，考虑到各区县自然条件不同、部分区县国土绿化空间有限等实际，对完成森林覆盖率目标确有困难的地区，允许其购买森林面积指标，用于本地区森林覆盖率目标值的计算，让保护生态的地区得到补偿、不吃亏，探索建立了基于森林覆盖率指标交易的生态产品价值实现机制，形成了区域间生态保护与经济社会发展的良性循环。其中，江北区向酉阳县购买7.5万亩森林面积指标，交易金额达1.875亿元；渝东北贫困县城口县与主城区九龙坡区也完成了1.5万亩森林面积指标的交易，交易金额达3750万元；重庆市南岸区、经开区管委会共同向巫溪县购买1万亩森林面积指标，交易金额达2500万元。

3. 更多主体、公众参与

发达国家在补偿主体上坚持公共财政支付和市场机制补偿有机结合，合理确定森林生态效益补偿主体是补偿政策的基础内容。按照"谁享用谁受益、谁补偿"的原则，主要的参与主体是政府、社会、林业生产单位、受益单位等享用生态效益单位和个人，而补偿客体主要是接受补偿的一方。实施生态补偿需进一步开发生态服务市场，使更多的主体、公众参与

---

① 资料来源：自然资源部《关于生态产品价值实现典型案例的通知》。

其中，并逐渐成为生态补偿资金供给的主体（秦艳红、康慕谊，2007）。

第四节 本章小结

本章力图提出针对性、合理性和实用性的长江上游地区林业生态发展的补偿机制。具体做法包括三个方面：第一，提高林业生态发展思想认知：①认可林业生态发展的价值；②响应林业生态发展的理念号召；③加大林业生态发展的成就宣传；④统一林业生态补偿的思想认识；⑤提高林业生态补偿的认知水平。第二，识别生态补偿中的关键问题：①科学确定补偿主客体；②了解生态补偿主客体的实际需求；③合理确定补偿标准；④科学选择补偿方式。第三，构建市场化、多元化生态补偿机制：①多种补偿方式相结合；②开展林业生态发展跟踪监测；③凸显差异化的支付设计；④开发和完善生态服务市场。

参考文献

［1］白华，韩文秀.复合系统及其协调的一般理论［J］.运筹与管理，2000（3）：1-7.

［2］白屯.生态经济：从反思传统经济到面对生态风险［J］.华东经济管理，2009，23（10）：62-65.

［3］白玉梅，韩会庆，马淑亮，等.城镇化与生态系统服务价值耦合协调关系研究——以贵州贵阳为例［J］.安顺学院学报，2020，22（3）：133-136.

［4］蔡培印.森林生态效益应纳入林业产值［J］.内蒙古林业，1987（11）：23-24.

［5］蔡晓明.生态系统生态学［M］.北京：科学出版社，2000.

［6］曹洪华，景鹏，王荣成.生态补偿过程动态演化机制及其稳定策略研究［J］.自然资源学报，2013，28（9）：1547-1555.

［7］曹明德.对建立生态补偿法律机制的再思考［J］.中国地质大学学报（社会科学版），2010，10（5）：28-35.

［8］曾芬钰.生态经济、生态农业与生态城市［J］.调研世界，2008（11）：38-40.

［9］陈大夫.关于林业经济效益概念的探讨［J］.技术经济，1984（2）：67-68.

［10］陈大夫.浅谈林业经济效益及其评价方法［J］.技术经济，1986（1）：31-40.

［11］陈飞.安徽省林业生态经济政策效果评价研究［D］.合肥：安徽农业大学硕士学位论文，2016.

［12］陈洪滨.认清林业三大效益，大力发展林业产业［J］.农业开发与装备，2016（12）：11.

［13］陈怀锦，周孝.溢出效应、城市规模与动态产业集聚［J］.山西

财经大学学报，2019，41（1）：57-69.

[14] 陈际瓦. 把生态优势转化为发展优势 [J]. 红旗文稿，2010（24）：32-33.

[15] 陈少英. 建立与完善我国生态补偿的财税法律机制 [J]. 安徽大学法律评论，2010，1（1）：1-10.

[16] 陈影，许皞，陈亚恒，等. 基于遥感影像的县域土地功能分类及功能转换分析 [J]. 农业工程学报，2016，32（13）：263-272.

[17] 陈云芳. 多功能林业的协同发展指标体系与评价模型研究 [D]. 北京：中国林业科学研究院博士学位论文，2012.

[18] 丛丽，张玉钧. 对森林康养旅游科学性研究的思考 [J]. 旅游学刊，2016，31（11）：6-8.

[19] 单海燕，杨君良. 长三角区域生态经济系统耦合协调演化分析 [J]. 统计与决策，2017（24）：128-133.

[20] 淡亚男. 多伦县林业生态建设的经济社会效益研究 [D]. 呼和浩特：内蒙古农业大学硕士学位论文，2017.

[21] 董沛武，张雪舟. 林业产业与森林生态系统耦合度测度研究 [J]. 中国软科学，2013（11）：178-184.

[22] 段伟杰. 外部性理论探讨 [J]. 经济师，2011（12）：23-24.

[23] 范振林，马晓妍，厉里. 推进生态确权　构建完善市场——以国际典型模式看生态补偿成功做法 [J]. 资源导刊，2020（8）：54-55.

[24] 封新林. 安徽省生态经济可持续发展评价指标体系与方法的研究 [D]. 合肥：安徽农业大学硕士学位论文，2005.

[25] 冯俏彬. 跨区域生态补偿的国际经验与借鉴 [N]. 中国经济时报，2014-06-17（2）.

[26] 付绍春，张新斌，张灿明，等. 湖南省贫困地区生态—经济—社会复合系统可持续发展水平综合评价 [J]. 生态学杂志，2005（12）：1525-1530.

[27] 傅伯杰. 我国生态系统研究的发展趋势与优先领域 [J]. 地理研究，2010，29（3）：383-396.

[28] 盖凯程. 二次大开发中的西部生态环境与经济协调发展区际生态补偿 [J]. 商业时代，2011（27）：136-137.

[29] 高静，于建平，武彤，等. 我国农业生态经济系统耦合协调发展研究 [J]. 中国农业资源与区划，2020，41（1）：1-7.

［30］高艳霞. 林业生态发展理念思考［J］. 农业与技术，2018，38（9）：78-79.

［31］高原. 生态文明建设与经济发展的冲突与协调［J］. 前沿，2009（9）：117-119.

［32］郜彗，张祥耀，刘明华，等. 淮河源重点生态功能区生态补偿标准和等级研究［J］. 信阳师范学院学报（自然科学版），2020，33（2）：244-249.

［33］耿利敏，沈文星. 非木质林产品与减少贫困研究综述［J］. 世界林业研究，2014，27（1）：1-6.

［34］龚传洋. 林业生态效益和社会效益估算［D］. 福州：福州大学硕士学位论文，2005.

［35］龚天平，刘潜. 生态经济的道德含义［J］. 云梦学刊，2019，40（1）：66-72.

［36］郭平. 三峡库区酸沉降特征及其对森林土壤的影响［D］. 北京：北京林业大学博士学位论文，2016.

［37］国政. 西南地区天然林保护工程综合效益评价研究［D］. 北京：北京林业大学博士学位论文，2011.

［38］韩东娥. 发展生态林业　提高社会经济效益［J］. 经济问题，1992（12）：29-31.

［39］何传启. 人口与现代化：以长江流域为例［C］. 北京：第四期中国现代化研究论坛，2006.

［40］何逎维. 开展森林生态经济研究　为实现农业现代化而奋斗［J］. 经济研究，1981（2）：72-74.

［41］洪步庭，任平，苑全治，等. 长江上游生态功能区划研究［J］. 生态与农村环境学报，2019，35（8）：1009-1019.

［42］胡昊. 我国森林生态效益补偿政策及其影响研究［D］. 合肥：安徽大学硕士学位论文，2017.

［43］胡书兴. 基于生态经济级差地租的林业生态补偿研究——以湖南省为例［D］. 长沙：中南林业科技大学硕士学位论文，2019.

［44］胡长清. 关于推动绿色大省向生态强省转型的战略思考［J］. 林业经济，2018，40（7）：3-7.

［45］黄德春，胡浩东，田鸣. 中国生态—经济协同发展实证研究——

基于复合系统协调度模型［J］.环境保护，2018，46（14）：39-44.

［46］黄富祥，康慕谊，张新时.退耕还林还草过程中的经济补偿问题探讨［J］.生态学报，2002（4）：471-478.

［47］黄漓锋.从投入产出看林业经济效益［J］.乡村科技，2020（4）：72-73.

［48］黄祖辉."绿水青山"转换为"金山银山"的机制和路径［J］.浙江经济，2017（8）：11-12.

［49］黄祖辉，姜霞.以"两山"重要思想引领丘陵山区减贫与发展［J］.农业经济问题，2017，38（8）：4-10.

［50］贾满永，张鑫.林业生态效益与经济效益关系探析［J］.林业勘察设计，2019（3）：25-26.

［51］江红莉，何建敏.区域经济与生态环境系统动态耦合协调发展研究——基于江苏省的数据［J］.软科学，2010，24（3）：63-68.

［52］蒋建平，刘震.生态林业的概念及理论基础［J］.河南农业大学学报，1992（2）：119-124.

［53］金旭明.效益林业使山民收入翻番［J］.浙江林业，2001（2）：12.

［54］靳乐山，朱凯宁.从生态环境损害赔偿到生态补偿再到生态产品价值实现［J］.环境保护，2020，48（17）：15-18.

［55］柯水发，朱烈夫，袁航，等."两山"理论的经济学阐释及政策启示——以全面停止天然林商业性采伐为例［J］.中国农村经济，2018（12）：52-66.

［56］李国平，刘生胜.中国生态补偿40年：政策演进与理论逻辑［J］.西安交通大学学报（社会科学版），2018，38（6）：101-112.

［57］李敬，熊德平.农村金融与农村经济发展不协调的原因：发展战略与思想认识［J］.开发研究，2007（1）：72-75.

［58］李明伟.外溢型经济发展驱动机理研究——以深圳市为例［J］.信阳师范学院学报（哲学社会科学版），2018，38（1）：49-53.

［59］李少杰.发达国家森林生态效益补偿政策实践的启示［J］.黑河学刊，2009（6）：36-38.

［60］李胜芬，刘斐.资源环境与社会经济协调发展探析［J］.地域研究与开发，2002（1）：78-80.

［61］李双权.长江上游森林水源涵养功能研究［D］.呼和浩特：内蒙古师范大学硕士学位论文，2008.

［62］李天芳.陕南生态农业和生态旅游业耦合发展机理与路径研究［J］.湖北农业科学，2017，56（4）：787-792.

［63］李亿祥，潘虹云，周爱武，等.依法管理林地　保护林业人的生命线［J］.广西林业，2007（5）：28.

［64］李翊铭.森林城市经济外溢效益形成机制问题的探讨［C］.廊坊：对接京津——京津乐道　绿色廊坊，2018.

［65］李永启，曾庆君，牟海波，等.森林生态补偿制度是生态效益型林业发展的保障［J］.中国林副特产，2006（4）：101-102.

［66］李智，张小林.江苏省县域生态经济系统协调度的空间分异及影响因素［J］.水土保持研究，2017，24（6）：209-215.

［67］林英飞.林业经济创新发展研究［J］.中国集体经济，2018（33）：33-34.

［68］刘德权，黄清.协调林业生态效益与经济效益的理论考察与创新［J］.财政研究，2007（11）：25-27.

［69］刘晶，葛颜祥.流域生态服务市场化补偿管理制度［J］.长江流域资源与环境，2012，21（8）：1018-1024.

［70］刘景生.林业经济生态效益的实现策略［J］.北京农业，2012（3）：119-120.

［71］刘俊.PPP 模式下林业生态补偿创新机制研究［J］.长江技术经济，2020，4（S1）：170-172.

［72］刘梅娟，温作民，石道金.将森林生态效益纳入林业会计核算体系的探讨［J］.审计与经济研究，2006（1）：59-61.

［73］刘青柏，刘明国.林业分类经营中建立森林生态效益补偿制度的必要性［J］.林业调查规划，2005（6）：54-56.

［74］刘伟平，冯亮明，戴永务.10 年来中国林业经济研究进展及今后的研究方向［J］.林业经济问题，2008（1）：1-10.

［75］刘小洪，严世辉，徐邦凡.森林生态效益补偿形式研究——兼论湖北生态林业建设与生态效益补偿［J］.林业经济，2003（5）：40-41.

［76］刘以，吴盼盼.国外林业生态补偿研究综述［J］.劳动保障世界（理论版），2011（8）：60-62.

［77］龙开胜，陈利根.基于生态地租的生态环境补偿理论建构及应用［J］.自然资源学报，2012，27（12）：2048-2056.

［78］卢志滨.区域物流—经济—环境系统耦合发展研究［D］.哈尔滨：哈尔滨工业大学博士学位论文，2016.

［79］吕超.浅谈建立林业生态补偿机制的必要性［J］.科技创新与应用，2014（13）：256.

［80］吕显洲，李延海，初进先.试论林业认识的发展及林业综合效益评价［J］.防护林科技，2006（1）：73-74.

［81］吕志祥，闫妮.生态补偿的经济法逻辑［C］.武汉：新形势下环境法的发展与完善——2016年全国环境资源法学研讨会（年会），2016.

［82］马丽君，张家凤.湖南各市州旅游经济发展的溢出效应分析［J］.旅游研究，2018，10（6）：83-91.

［83］马民庆.林业综合效益的评价［J］.中国新技术新产品，2011（23）：237.

［84］孟凡丽.新时代我国林业生态发展现状与对策浅析［J］.农民致富之友，2018（5）：183.

［85］孟庆松，韩文秀.复合系统协调度模型研究［J］.天津大学学报，2000（4）：444-446.

［86］奈民夫那顺，王怀安，高永俊，等.奈曼旗复合生态经济系统分析与调控研究［J］.生态经济，1990（5）：13-22.

［87］宁哲，孙恒.林业生态效益的计量与实现［J］.东北林业大学学报，2000（2）：55-56.

［88］欧阳勋志.森林生态系统经营探讨［J］.林业资源管理，2002（5）：43-47.

［89］潘华，周小凤.长江流域横向生态补偿准市场化路径研究——基于国土治理与产权视角［J］.生态经济，2018，34（9）：179-184.

［90］彭雷佳，温薇.贵州省林业生态补偿机制构建问题研究［J］.南方农机，2018，49（12）：7.

［91］彭秀丽，孙铄铄，严曙光.林业生态补偿机制研究综述［J］.中南林业科技大学学报（社会科学版），2019，13（3）：45-51.

［92］彭长发.优先生态效益 提高经济效益 建设现代林业［J］.湖南林业，2001（7）：17.

［93］齐红倩，王志涛. 生态经济学发展的逻辑及其趋势特征［J］. 中国人口·资源与环境，2016，26（7）：101-109.

［94］邱知. 林业生态经济效益提升途径探讨［J］. 中国林业经济，2017（2）：63-64.

［95］任建兰，王亚平，程钰. 从生态环境保护到生态文明建设：四十年的回顾与展望［J］. 山东大学学报（哲学社会科学版），2018（6）：27-39.

［96］任洁. 突出生态效益　建设山区生态经济型林业［J］. 防护林科技，2006（S1）：68-69.

［97］任平，程武学，洪步庭，等. 基于PSDR理论框架下长江上游生态系统退化威胁评价与空间分布研究［J］. 地理科学，2013，33（2）：189-194.

［98］任世丹，杜群. 国外生态补偿制度的实践［J］. 环境经济，2009（11）：34-39.

［99］任勇等. 中国生态补偿理论与政策框架设计［M］. 北京：中国环境科学出版社，2008.

［100］荣冬梅. 美国湿地缓解银行制度对我国生态补偿的启示［J］. 中国国土资源经济，2020，33（8）：65-69.

［101］森林效益与福建省林业基地建设课题组. 林业经营综合效益评价研究（之一）［J］. 林业资源管理，1994（2）：54-58.

［102］森林效益与福建省林业基地建设课题组. 林业经营综合效益评价研究（之二）［J］. 林业资源管理，1994（3）：51-54.

［103］邵金，沈月琴，吴伟光，等. 山区效益农（林）业发展研究［J］. 华东森林经理，2002（3）：7-11.

［104］邵权熙. 当代中国林业生态经济社会耦合系统及耦合模式研究［D］. 北京：北京林业大学博士学位论文，2008.

［105］佘济云. 现代林业生态系统理论探析［J］. 林业经济问题，2008（5）：424-426.

［106］沈满洪等. 完善生态补偿机制研究［M］. 北京：中国环境出版社，2015.

［107］时岩钧. 基于演化博弈的长江上游流域生态补偿机制设计与仿真研究［D］. 重庆：重庆理工大学硕士学位论文，2020.

［108］宋刚. 兼顾生态效益经济效益　全面优化林业经济结构［J］. 吉

林农业，2016（2）：111.

[109] 苏红云. 林业经济发展中的生态补偿问题 [J]. 江西农业，2018（10）：109.

[110] 苏立娟，张谱，何友均. 森林经营综合效益评价方法与发展趋势 [J]. 世界林业研究，2015，28（6）：6-11.

[111] 孙桂娟，叶峻. 社会. 生态. 经济复合系统解析 [J]. 社会科学研究，2008（3）：92-95.

[112] 孙鸿烈. 长江上游地区生态与环境问题 [M]. 北京：中国环境科学出版社，2008.

[113] 孙新章，周海林. 我国生态补偿制度建设的突出问题与重大战略对策 [J]. 中国人口·资源与环境，2008（5）：139-143.

[114] 谭桂发. 林业生态效益与经济效益的协调与创新 [J]. 中国农业信息，2014（23）：159.

[115] 唐忠. 论长江上游森林保护的外部性及其内在化 [J]. 中国农业资源与区划，1998（6）：3-5.

[116] 陶金华，纳日碧力戈. 明清时期清水江流域苗侗社会的林业生态补偿机制研究 [J]. 中央民族大学学报（哲学社会科学版），2018，45（4）：5-14.

[117] 滕有正. 生态经济系统的基本规律 [J]. 内蒙古大学学报（哲学社会科学版），1985（3）：18.

[118] 田江. 农业生态——经济系统协同发展研究进展 [J]. 中国农业资源与区划，2017，38（4）：9-16.

[119] 田淑英. 林业生态保护与发展的政策效应及选择 [M]. 北京：中国社会科学出版社，2011.

[120] 汪建敏，陈煜初. 经营生态林业的新尝试——森林旅游综合效益探讨 [J]. 华东森林经理，1992（3）：1-6.

[121] 王宝顺，刘冰熙. 财政支出的空间外溢效应对区域经济增长的影响——以武汉城市圈为例 [J]. 湖北经济学院学报，2014，12（1）：77-82.

[122] 王超. 建国以来我党关于经济与生态协调发展思想的研究 [D]. 南昌：江西师范大学硕士学位论文，2011.

[123] 王冬梅. 我国林业生态发展现状 [J]. 吉林农业，2018（2）：97.

[124] 王凤山，冀春贤. 生态与经济协调发展的成功典范——对浙江

省宁波市滕头村的调查［J］.经济纵横，2007（5）：44-46.

［125］王家庭，曹清峰.京津冀区域生态协同治理：由政府行为与市场机制引申［J］.改革，2014（5）：116-123.

［126］王建忠.长江流域防护林生态系统服务功能评估与宏观调控技术研究［D］.武汉：华中农业大学硕士学位论文，2012.

［127］王金龙，杨伶，张贵，等.基于空间网络的湖南"森林生态·经济·社会"复合系统空间格局演变分析［J］.林业科学，2018，54（7）：118-129.

［128］王立群.从林业生态与经济协调发展看林业分类经营［J］.林业经济问题，1998（5）：32-35.

［129］王萍.外资对我国轿车产业的技术溢出效应研究［D］.北京：对外经济贸易大学硕士学位论文，2006.

［130］王前进，王希群，陆诗雷，等.生态补偿的经济学理论基础及中国的实践［J］.林业经济，2019，41（1）：3-23.

［131］王倩.基于主体功能区的区域协调发展新思路［J］.四川师范大学学报（社会科学版），2011，38（1）：51-55.

［132］王寿辰.经济新常态下提高林业经济效益的思考［J］.林业建设，2017（1）：47-50.

［133］王潇潇，陈淑梅.中国经济增长的外溢效应研究［J］.亚太经济，2019（2）：15-22.

［134］王雄，姚云峰，郭道安，等.赤峰市林业生态经济可持续发展测度与评价［J］.干旱区资源与环境，2007（7）：10-15.

［135］王玉芳.国有林区经济生态社会系统协同发展机理研究［D］.哈尔滨：东北林业大学博士学位论文，2006.

［136］王智鹏.论我国林业生态补偿法律制度的完善［D］.成都：西南财经大学硕士学位论文，2010.

［137］韦贵红.我国森林生态补偿立法存在的问题与对策［J］.北京林业大学学报（社会科学版），2011，10（4）：14-20.

［138］文传浩，等.长江上游生态文明研究［M］.北京：科学出版社，2016.

［139］吴海中，胡刚.安徽省农业经济与农业生态环境耦合协调发展研究［J］.汕头大学学报（自然科学版），2019，34（1）：71-80.

［140］吴学瑞. 践行"两山理论"理念　推进林业生态建设［J］. 林业经济，2017，39（9）：21-25.

［141］席鹭军. 生态补偿机制要突出市场化特征［N］. 中国环境报，2018-01-15（1）.

［142］肖默. 长株潭地区林业生态圈与生态经济协调发展研究［D］. 长沙：中南林业科技大学硕士学位论文，2007.

［143］谢高地，肖玉，鲁春霞. 生态系统服务研究：进展、局限和基本范式［J］. 植物生态学报，2006（2）：191-199.

［144］谢高地，张彩霞，张雷明，等. 基于单位面积价值当量因子的生态系统服务价值化方法改进［J］. 自然资源学报，2015，30（8）：1243-1254.

［145］谢高地，甄霖，鲁春霞，等. 一个基于专家知识的生态系统服务价值化方法［J］. 自然资源学报，2008（5）：911-919.

［146］谢进. 生态经济理论与我国林业实践［J］. 生态学杂志，1987（4）：53-56.

［147］幸绣程，支玲，谢彦明，等. 基于单位面积价值当量因子法的西部天保工程区生态服务价值测算——以西部六省份为例［J］. 生态经济，2017，33（9）：195-199.

［148］徐晓光. 清水江流域传统林业"生态补偿"的实践与经验［J］. 贵州大学学报（社会科学版），2015，33（1）：66-71.

［149］许涤新. 生态经济学探索［M］. 上海：上海人民出版社，1985.

［150］薛建明. 日本林业经营理念和林业发展保障制度对新疆林业建设的启示［J］. 国家林业局管理干部学院学报，2007（1）：61-64.

［151］薛建明，张凯. 日本林业经营理念和林业发展保障制度［J］. 新疆林业，2007（3）：39-40.

［152］严立冬. 生态经济系统的概念及特征［J］. 生态农业研究，1996（2）：29.

［153］杨加猛. 林业产业链的演进、测试与拓展模型研究［D］. 南京：南京林业大学博士学位论文，2008.

［154］杨伟智. 外溢效应［J］. 党的文献，2012（4）：114-115.

［155］杨遵平. 林业经济效益与生态效益的协调与创新探讨［J］. 低碳世界，2020，10（2）：176-177.

［156］叶茂新，蔡士魁，施向超，等. 复合生态经济系统综合效益定

量评价方法的研究 [J]. 农业现代化研究，1989（2）：16-18.

[157] 叶强. 林业经营综合效益分析 [J]. 科技创新与应用，2014（7）：264.

[158] 尹凤梅. 美国农业补贴政策的演变趋势分析 [J]. 重庆工商大学学报（西部论坛），2007（1）：89-92.

[159] 余建华，何照斌. 论21世纪效益林业的发展 [J]. 华东森林经理，2000（4）：4-5.

[160] 余建辉，张建国. 林业经营综合效益研究 [J]. 世界林业研究，1992（4）：1-6.

[161] 余维祥. 长江上游生态补偿的困境与对策 [J]. 生态经济，2014，30（6）：171-174.

[162] 詹昭宁. 现代林业与生态经济林业理论和实践 [J]. 林业经济问题，2007（6）：564-568.

[163] 张建国. 林业经营综合效益评价研究（续完）[J]. 林业资源管理，1994（4）：70-73.

[164] 张建国. 森林生态经济学 [M]. 哈尔滨：东北林业大学出版社，1995.

[165] 张建国. 森林经营经济效益计量的理论与实践——林业经济学学科体系探索之三 [J]. 林业经济问题，1998（4）：3-5.

[166] 张建国，余建辉. 生态林业的效益观——林业综合效益初步 [J]. 林业经济问题，1991（3）：1-8.

[167] 张建国，余建辉，杨建洲，等. 林业经营综合效益计量理论和方法初探 [J]. 福建林学院学报，1990（4）：311-318.

[168] 张坤，唐肖彬. 林业生态补偿的实践与思考 [J]. 中国土地，2019（6）：34-35.

[169] 张乐. 产品伤害危机背景下农产品品牌外溢效应的实证研究 [D]. 武汉：华中农业大学硕士学位论文，2016.

[170] 张立平. 关于林业经营综合效益的探讨 [J]. 科技创新与应用，2014（5）：277.

[171] 张思让，贺公俭. 关于林业社会、生态效益补偿问题的探讨 [J]. 陕西林业科技，1996（2）：50-52.

[172] 张永利. 现代林业发展理论及其实践研究 [D]. 西安：西北农

林科技大学博士学位论文，2004.

［173］张宇，陈美兰. 农村人力资本溢出机制初探［J］. 中国国情国力，2010（9）：20-21.

［174］张志国. 福建三明 探索森林生态市场化补偿机制［J］. 绿色中国，2018（16）：18-19.

［175］赵瑾璟. 林下经济对农户收入和森林资源的影响研究［D］. 南京：南京林业大学硕士学位论文，2019.

［176］赵静，王利晓. 基于灰色关联度和三阶段DEA的我国企业间技术溢出效应［J］. 企业经济，2017，36（4）：91-97.

［177］赵衍宇. 林业经营与森林生态发展策略［J］. 现代园艺，2018（8）：145.

［178］郑雪梅. 生态补偿横向转移支付制度探讨［J］. 地方财政研究，2017（8）：40-47.

［179］钟艳，李湘玲，史常亮. 东北地区林业产业结构变动对林业经济增长的贡献［J］. 资源开发与市场，2011，27（11）：1006-1009.

［180］周杰文，张云，蒋正云. 创新要素集聚对绿色经济效率的影响——基于空间计量模型的实证分析［J］. 生态经济，2018，34（6）：57-62.

［181］周欣. 长江上游地区工业生态集聚及其影响因素研究［D］. 重庆：重庆工商大学硕士学位论文，2019.

［182］周雪娇，杨琳. 基于创新驱动的区域经济与生态环境协调发展的研究［J］. 经济问题探索，2018（7）：174-183.

［183］朱弘业. 基于生态系统服务价值评估的莫莫格湿地生态补偿研究［D］. 延边：延边大学硕士学位论文，2019.

［184］邹成成，岳上植，朱震锋. 改革背景下内蒙古国有林区生态旅游产业发展的压力、动力及出路［J］. 林业经济，2017，39（2）：21-25.

［185］丁阳. 生态-经济-社会协调发展模型研究［D］. 武汉：武汉理工大学博士学位论文，2015.

［186］盖凯程. 西部生态环境与经济协调发展研究［D］. 成都：西南财经大学博士学位论文，2008.

［187］高路. 大小兴安岭森林生态城市带构建与林业经济发展模式研究［D］. 哈尔滨：东北林业大学博士学位论文，2016.

［188］耿直. 长江上游四省市绿色发展水平及影响因素研究［D］. 重

庆：重庆工商大学硕士学位论文，2019.

［189］何正学. 西南林业生态经济发展研究［D］. 北京：中央民族大学硕士学位论文，2000.

［190］姬鹏程. 加快完善我国流域生态补偿机制［J］. 宏观经济管理，2018（10）：41-46.

［191］姜宏敏. 阿木尔林业局林下经济发展研究［D］. 长春：吉林大学硕士学位论文，2015.

［192］靳乐山，甄鸣涛. 流域生态补偿的国际比较［J］. 农业现代化研究，2008，29（2）：185-188.

［193］李梦，赵庆建. 低碳经济视角下福建省林业产业结构与林业经济协同发展研究［J］. 经济研究导刊，2018（31）：45-46，49.

［194］温薇，田国双. 博弈视角下黑龙江省生态功能区跨区域生态补偿协调路径研究［J］. 林业经济，2017，39（2）：17-21.

［195］吴朝晖. 森林生态效益及其保护措施探析［J］. 农业灾害研究，2019，9（6）：103-104.

［196］谢高地，鲁春霞，冷允法，等. 青藏高原生态资产的价值评估［J］. 自然资源学报，2003，18（2）：189-196.

［197］杨谨夫. 我国生态补偿的财政政策研究［D］. 北京：财政部财政科学研究所博士学位论文，2015.

［198］张明月，周梦，张祥. 长江经济带11省市旅游业发展水平评价［J］. 华中师范大学学报（自然科学版），2019，53（5）：792-803，814.

［199］郑海霞，张陆彪. 流域生态服务补偿定量标准研究［J］. 环境保护，2006（1）：42-46.

［200］包晓斌. 我国流域生态补偿机制研究［J］. 求索，2017（4）：132-136.

［201］储蓉，付春风. 森林碳汇对经济增长影响的溢出效应研究［J］. 广东农业科学，2013，40（14）：209-212.

［202］东琦. 安徽省混农林业发展模式及影响因素分析［D］. 合肥：安徽农业大学硕士学位论文，2017.

［203］傅晓华，赵运林. 流域农业补偿系统研究［J］. 求索，2013（6）：5-7.

［204］孔凡斌. 完善我国生态补偿机制：理论、实践与研究展望［J］.

农业经济问题，2007（10）：50-53.

［205］黎元生. 基于生命共同体的流域生态补偿机制改革——以闽江流域为例［J］. 中国行政管理，2019（3）：93-98.

［206］李宁，丁四保，王荣成，等. 我国实践区际生态补偿机制的困境与措施研究［J］. 人文地理，2010，25（1）：77-80.

［207］李琪，温武军，王兴杰. 构建森林生态补偿机制的关键问题［J］. 生态学报，2016，36（6）：1481-1490.

［208］李茜，胡昊，李名升，等. 中国生态文明综合评价及环境、经济与社会协调发展研究［J］. 资源科学，2015，37（7）：1444-1454.

［209］李文华，李芬，李世东，等. 森林生态效益补偿的研究现状与展望［J］. 自然资源学报，2006（5）：677-688.

［210］连素兰，何东进，纪志荣，等. 低碳经济视角下福建省林业产业结构与林业经济协同发展研究——基于耦合协调度模型［J］. 林业经济，2016，38（11）：49-54.

［211］梁增然. 我国森林生态补偿制度的不足与完善［J］. 中州学刊，2015（3）：60-63.

［212］林黎，付彤杰. 我国生态补偿政策介入的必要性及模式分析［J］. 经济问题探索，2011（11）：98-102.

［213］宁哲. 我国森林生态与林业产业耦合研究［D］. 哈尔滨：东北林业大学博士学位论文，2007.

［214］齐木村，于波涛. 基于 DEA 方法的林业生态经济模式投入产出效率分析——以黑龙江森工林区为例［J］. 安徽农业科学，2015，43（17）：249-251.

［215］乔旭宁，杨永菊，杨德刚. 流域生态补偿研究现状及关键问题剖析［J］. 地理科学进展，2012，31（4）：395-402.

［216］乔旭宁，张婷，杨永菊，等. 渭干河流域生态系统服务的空间溢出及对居民福祉的影响［J］. 资源科学，2017，39（3）：533-544.

［217］秦艳红，康慕谊. 国内外生态补偿现状及其完善措施［J］. 自然资源学报，2007（4）：557-567.

［218］阙占文. 比较视野下的林业生态补偿制度［J］. 经济问题探索，2011（7）：129-133.

［219］宋秀虎. 恩施州森林旅游资源评价及开发研究［D］. 武汉：华

[220] 孙根紧，何婧. 中国生态补偿研究综述 [J]. 商业时代，2011（12）：100-102.

[221] 孙新章，谢高地，张其仔，等. 中国生态补偿的实践及其政策取向 [J]. 资源科学，2006（4）：25-30.

[222] 田淑英，李瑶，董玮，等. 我国林业生态经济的内涵演进、发展路径与实践模式探究 [J]. 林业经济，2017，39（8）：71-76.

[223] 王让会，薛英，宁虎森，等. 基于生态风险评价的流域生态补偿策略 [J]. 干旱区资源与环境，2010，24（8）：1-5.

[224] 徐丽媛. 生态补偿财税责任立法的国际经验论析 [J]. 山东社会科学，2017（3）：168-176.

[225] 薛龙飞，罗小锋，李兆亮，等. 中国森林碳汇的空间溢出效应与影响因素——基于大陆31个省（市、区）森林资源清查数据的空间计量分析 [J]. 自然资源学报，2017，32（10）：1744-1754.

[226] 杨超，张露露，程宝栋. 中国林业70年变迁及其驱动机制研究——以木材生产为基本视角 [J]. 农业经济问题，2020（6）：30-42.

[227] 俞海，任勇. 流域生态补偿机制的关键问题分析——以南水北调中线水源涵养区为例 [J]. 资源科学，2007（2）：28-33.

[228] 张春芳. 现代林业发展与生态文明建设的思考 [J]. 产业与科技论坛，2017，16（9）：19-20.

[229] 张化楠，葛颜祥，接玉梅. 主体功能区的流域生态补偿机制研究 [J]. 现代经济探讨，2017（4）：83-87.

[230] 张慧. 三江源地区生态与经济协同发展研究 [D]. 西宁：青海师范大学硕士学位论文，2016.

[231] 张建国. 论森林生态与经济的协调发展 [J]. 林业经济问题，2002（6）：311-312.

[232] 张坤，唐肖彬. 林业生态补偿的实践与思考 [J]. 中国土地，2019（6）：34-35.

[233] 赵晶晶，葛颜祥，郑云辰. 流域生态补偿优化：政府与市场的协同 [J]. 改革与战略，2019，35（2）：7-13.

[234] 赵林美. 我国林业生态经济发展状况的评价研究 [D]. 合肥：安徽大学硕士学位论文，2016.